CARLOS DE FOUCAULD
ESCRITOS ESPIRITUALES

ESCRITOS ESPIRITUALES
DE
CARLOS DE FOUCAULD

ERMITAÑO DEL SAHARA - APÓSTOL DE LOS TUAREG

PREFACIO DE
RENÉ BAZIN
De la Academia Francesa

Herder

Traducción realizada sobre la segunda edición francesa,
publicada por J. DE GIGORD, de París, y con su permiso,
con el título *Ecrits spirituels de Charles de Foucauld*

© *1979, Empresa Editorial Herder, S.A., Barcelona*

Séptima edición 2000

La reproducción total o parcial de esta obra sin el consentimiento expreso
de los titulares del *Copyright* está prohibida al amparo de la legislación vigente.

Imprenta: LIBERDÚPLEX, S.L.
Depósito legal: B - 15.393-2000
Printed in Spain

ISBN: 84-254-1079-7   **Herder**   Código catálogo: RES1079

Provenza, 388. 08025 Barcelona - Teléfono 93 476 26 26 - Fax 93 207 34 48
E-mail: editorialherder@herder-sa.com - http://www.herder-sa.com

PREFACIO

A NTES de contar historia tan movida como la de Carlos de Foucauld, puedo decir que había seguido día a día al explorador de Marruecos, al novicio de Nuestra Señora de las Nieves, al trapense de Abbés, al servidor de las clarisas de Nazaret y de Jerusalén, al ermitaño de Beni Abbés, al de las montañas del Hoggar, y que le había visto morir; tan numerosos y seguros eran los documentos puestos a mi disposición (1). Hoy, que Carlos de Foucauld tiene muchos amigos por el mundo, éstos han querido conocer algunos de los escritos legados por él a los Padres Blancos. Me escriben de todos lados: "¿Por qué —dice uno— no editar los cuatro cuadernos del retiro hecho en Nazaret en 1897?" "¿Está ya impreso el Itinerario para acompañar a Nuestro Señor Jesús?" *Otro pide las* Meditaciones sobre el Evangelio. *Muchos desearían conocer la colección cuyo título hace recordar toda la luz del Sur, toda su miseria y la dulzura de Cristo:* El Evangelio presentado a los pobres del Sahara.

---

(1) *Carlos de Foucauld, explorador de Marruecos, ermitaño en el Sahara*, con un retrato, un facsímil de autógrafo y un plano itinerario, por RENE BAZIN, de la Academia Francesa. Un pequeño volumen en 8.°, de 478 páginas. París, Plon-Nourrit, editores.

No, a mí me ha parecido que ninguno de estos documentos, ninguno de aquellos que han podido ser citados en las últimas páginas de la biografía, en el índice de las fuentes consultadas, podría ser el objeto de una publicación íntegra. Nada ha sido escrito para que el mundo lo conociese. Nada forma un tratado. En la paz nocturna de Tierra Santa o en la de los desiertos de Africa, cuando Carlos de Foucauld, en su cabaña o bajo un techo de mimbre acercaba a la única ventana una caja de madera que le servía de mesa o cuando, para ahorrar aceite, escribía a la luz de las estrellas, él tomaba frecuentemente para meditar un tema antiguo, con el cual había recorrido las carreteras y los senderos y conocido las grandezas en los lejanos días de la Trapa. A menudo, de una forma natural, la meditación se convertía en coloquio. Alimentado por la lectura de los santos, particularmente por las obras de San Juan Crisóstomo, de Santa Teresa y de San Juan de la Cruz, se esforzaba en aplicar a su estado particular lo que allí encontraba en abundancia de doctrina y de consejo. El nombre de teólogo no le es propio, pero en la inteligencia y en el amor de la Cruz, en la busca de la Voluntad de Dios y en el olvido de sí mismo, ha sido sin duda alguna igual que varios maestros de estas ciencias difíciles, como él fue el primero, al mismo tiempo teórico y práctico, en enseñar tan perfectamente el arte de amaestrar a nuestros hermanos musulmanes, de vencer por medio de la caridad los seculares prejuicios, de hacer bendecir el nombre cristiano por aquellos a quienes asusta, para traerlos poco a poco, con una infinita ternura, a esta verdad de la cual el Hermano Carlos era entre las tribus nómadas el testigo y la única voz.

Apenas una o dos colecciones han sido destinadas a los sucesores desconocidos, a los que durante toda su vida llamó inútilmente y que no fueron nunca a vivir con él en un camino de caravana o en la proximidad de uno de aquellos pozos cuya profundidad y calidad de agua anotaba en su

Diario, no dejando de añadir, si la capa líquida era pura y constante: *"Aquí podría establecerse ventajosamente una fraternidad".*

Se puede uno imaginar ampliamente lo que sería este Evangelio *presentado a los pobres del Sahara si el ermitaño viajero, el "gran sembrador del que nadie ha podido contar los pasos", hubiera sido al menos un "autor". Tendríamos una colección de relatos evangélicos contados a la manera oriental, y el cuentista no olvidaría ni el paisaje ni la fisonomía de los autores nómadas ignorantes, ardientes y cautelosos, escuchando una historia. ¡Pero al Hermano Carlos! ¡La idea de semejante obra no se le había ocurrido! Nunca pensó ni en la librería ni en la gloria. Le fue suficiente medio según su experiencia, la dosis de verdad que los "pobres del Sahara" pueden soportar, lo que las almas sumidas en las tinieblas pueden recibir de luz sin contraerse y cerrarse, como pupilas violentadas por el brillo de la luz del día, y poner en orden las enseñanzas del cristianismo, para poder presentarlo mejor al mundo musulmán. En la primera página de estas veintiuna conferencias que fueron escritas en 1903 en Beni Abbés, puso él mismo debajo del título: "Pequeña introducción al catecismo". Eso es lo que es. Todo el interés de la obra consiste en el orden de los asuntos tratados. La primera lección está consagrada a Dios. Al pronunciar el nombre de Dios, entendido como Omnipotencia espiritual, no se herirá la fe coránica, y así los hombres del Islam comprenderán primero que existe entre el catolicismo y su religión ese dogma común de un Dios único. Más tarde, en la octava lección expone el dogma de la Trinidad, que choca al espíritu musulmán; en la octava, el de la Encarnación; más tarde vienen los Mandamientos de Dios. los Mandamientos de la Iglesia, la explicación de la Cruz, y, al final de todo, delante de unos espíritus que se suponen ganados para la fe o tentados por ella, será revelado el misterio de los misterios y el desierto oirá hablar de la Santa Eucaristía. Ahí, lo repito, está la originalidad del* Evangelio *presentado a los pobres del Sahara. La forma es sencillísima, parecida a la de un catecismo elemental, y existe, además, un punto en el que se encuentra la costumbre de Oriente: todas las veces que el nombre de Dios es pronunciado, el autor, libre el movimiento de su corazón y seguro de ser comprendido, añade: "¡Que El sea exaltado! ¡No hay más Dios que El!" Y por esto, en la novena lección evangélica, habiendo contado la venida al mundo del Hijo de Dios hecho hombre, repite afirmando esta vez, todo junto, el dogma de la Unidad, el de las tres Personas, el de la Encarnación y el de la Redención: "¡Que El sea glorificado! ¡No hay más Dios que El!" Estas aclamaciones, aun siendo todo lo bellas que son, no bastan al alma misericordiosa de Carlos de Foucauld. Temiendo que la gente del desierto no comprenda todo el sentido que ellas encierran, añadía otra y comenzaba cada una de las veintiuna lecciones del catecismo por esta fórmula: "¡Dios mío, haz que todos los hombres vayan al Cielo!" Innegables bellezas de detalle; pero la obra, según mi opinión, no puede ser objeto de una publicación en Francia en nuestro tiempo.*

Ocurre lo mismo con los cinco cuadernos que llevan por título Itinerario para acompañar a Nuestro Señor Jesús. *Desde su conversión, Carlos de Foucauld no había cesado de meditar los Evangelios; los conocía a la maravilla; en Nazaret, en su cabaña de madera, se puso a copiar para él mismo los textos que pueden convenir mejor a cada día del año, comenzando por el primer domingo de Adviento. Frecuentemente unía el uno al otro por medio de frases cortas. La campiña de Galilea estaba delante de sus ojos: más de una vez la había recorrido, y el conocimiento que tenía de la geografía de Tierra Santa aparecía en las notas de los itinerarios divinos. Leo estas palabras, por ejemplo, en la fecha del 21 de diciembre: "La Santa Virgen y San José salen esta mañana de Nazaret para ir a Belén. Atraviesan la llanura de Esdrelón y reciben probablemente al atardecer la hospitalidad en la región de Engannim, hacia Djenin o Zebalda... ¡De qué manera contemplan y adoran a Jesús, durante todo el tiempo, marchando y en el albergue, día y noche!"*

No sorprenderá, pues, no ver ni el Evangelio presentado a los pobres del Sahara *ni el* Itinerario *entre las fuentes de la presente colección. El volumen que publicamos, bajo el título de* Escritos Espirituales *está compuesto de fragmentos, tomados de las* Meditaciones sobre el Evangelio, *de la correspondencia y de los cuadernos de los retiros. Estos últimos fueron uno de los grandes medios de perseverancia y de avance en la vida espiritual, a los que recurrió Carlos de Foucauld; hizo cuatro antes de decidirse a dejar al mundo y obedecer la voz que le llamaba a un servicio más estrecho de Cristo; los hizo en Nazaret, Jerusalén, Efrem, Beni Abbés, In Salach, Tamanrasset, por no decir que todos los años. Momentos en que deseaba y amaba, siendo un apasionado de la soledad —los cuadernos están llenos del testimonio de la alegría del ermitaño "al fin solo"—: el tiempo necesario también para el examen y las resoluciones. Pensad que no tenía ningún consejo o socorro moral que esperase de los hombres; que alrededor de él el desorden de las costumbres, la ignorancia, el orgullo, eran universales; que, por sí mismo y por el bien de sus feligreses, tenía siempre alguna decisión grave que tomar y que en ningún momento la paz no debía ser turbada: la paz, toda su fuerza, el bien supremo, comprado al precio del abandono de todos los demás. Entonces se retiraba, separado, cerraba a los visitantes su ermita y durante ocho o diez días estaba delante de Dios con su alma atenta y ferviente. ¡De qué modo gusta la ausencia de sus semejantes y la presencia de Dios! Se pueden leer las notas poéticas de que están salpicadas sus meditaciones cuando oye caer la lluvia sobre Judea o cuando las estrellas viajan sobre las carreteras por donde pasaron los pastores, los Magos, el Bautista y las multitudes aclamaban al Hijo del Hombre.*

Estas notas poéticas no son, sin embargo, comunes en los Escritos Espirituales. *Hubieran sido más abundantes, sin duda alguna, si hubiera tenido la intención de escribir una obra para el público; hubiera estado en su manera de ser. Sólo quiero poner como prueba los paisajes sobrios, pero de bonito color y de un justo relieve que multiplicó en el libro de su juventud* Reconocimiento de Marruecos. *Pero no son paisajes, armonías preciosas a los oídos, imágenes, períodos encadenados y que forman una red en la cual las almas caen prisioneras; en una palabra, no es la emoción de un gran estilo lo que se vendrá a buscar en estas páginas, que no son verdaderamente más que la oración habitual y familiar de un alma adoradora. El ermitaño no escribía más que para él solo, no dudando en repetir, citando de nuevo los textos, los temas que le gustaban más y hacer por encima de ellos las reflexiones y exámenes, a los cuales estaba habituado. He debido escoger las páginas, reemplazar por puntos los pasajes donde las palabras han sido suprimidas, hacer, en suma, una puesta a punto, de la que él no se había preocupado mucho.*

Si se quiere definir en este momento el mérito de los Escritos Espirituales, *yo haría observar primeramente que en ninguna parte se encuentra una palabra dudosa o simplemente un cierto gusto de extenderse sobre los desórdenes del pasado, sobre los peligros del mundo abandonado, sobre los remordimientos, aún más, por medio de los cuales parecería revelar una vaga complacencia. He recorrido un número inmenso de hojas escritas por Carlos de Foucauld en el intervalo que separa la conversión de la muerte, y no he encontrado nada que no sea perfectamente puro. Las teas del antiguo fuego estaban apagadas. Fenómeno singular que hace creer que el oficial de Cazadores de Africa, el día que entró inopinadamente en el confesonario del Padre Huvelin, en San Agustín, fue objeto de una gracia extraordinaria. No tengo la autoridad que sería necesaria para juzgar, pero estoy seguro que muchos lectores han tenido el mismo pensamiento que yo indico aquí.*

Los otros caracteres de estos escritos me parecen ser una fe firme, invencible, romana, como él dice; una tierna piedad, parecida, en verdad, a la de los niños que corren, los brazos y manos levantados, hacia los que ellos aman. Una humildad total, fundada, al contrario sobre la experiencia de la vida, y en fin, palabras de bravura de un tono muy personal y que son numerosas en él y magníficas.

La diversidad de los santos es uno de los signos visibles de la extrema riqueza espiritual de la Iglesia. En el ejercicio de las virtudes recomendadas a todos los cristianos pone en ellos algo de su temperamento, de su sangre, de oficio o vocación, y es necesario añadir la gracia divina, de la cual el mundo ha salido con sus matices infinitos. No existen dos hojas de árbol que se parezcan, no existe tampoco un santo que sea parecido a otro. Carlos de Foucauld ha dicho dos clases de palabras que merecen estar conservadas en los graneros públicos, donde los hombres van a buscar el trigo puro, aventado y bueno para la siembra. Hay dos palabras dilectas, deliciosas del todo para saludar a los ángeles, los santos, la Virgen María y, ante todo, al Maestro, del cual él era el caballero. Caballero lo era, como todos, por el Bautismo, pero la gracia hablaba en él y le sostenía también. Varios de sus familiares, camaradas, amigos, me han contado que nunca el niño, el oficial, el trapense, ni el ermitaño tuvo miedo. De ahí lanzadas en el texto de sus meditaciones, retiros o cartas un buen número de frases dignas de memoria, relevantes, heroicas, verdaderas divisas para almas menos fuertes, que se esforzarán en imitarle. Quiero citar algunas. Fueron escritas en tiempo diferente, pero ¡qué unidad!

"Es necesario asirme a la vida de fe".

"Esto (ir, en nombre de Cristo, entre los infieles) debería tentar a buen número de almas, pues es casi la gloria la que se les ofrece, siendo los peligros tan grandes..."

"No ocuparse de la salud o de la vida más que el árbol de una hoja que cae".

"Reservar todas mis fuerzas para Dios".

"La debilidad de los medios humanos es un motivo de fuerza".

"Jesús es el Señor de lo imposible".

"Esta es una de las cosas que debemos a Nuestro Señor, no tener jamás miedo de nada".

Se pueden, ¡ay!, leer muchos libros sin encontrar una línea que se acerque a éstas.

RENE BAZIN.

PRIMERA PARTE

EL TRAPENSE

TRES años después de su conversión, el 16 de enero de 1890, el vizconde Carlos de Foucauld entraba en la Trapa de Nuestra Señora de las Nieves, en Ardèche. Pidió que después de seis meses de noviciado se le enviase al más pobre y lejano monasterio del Asia Menor, y partió para la Trapa de Abbés, en Siria, el 17 de junio de 1890. Allí estuvo hasta febrero de 1897.

Las cartas que siguen están tomadas de la correspondencia de Carlos de Foucauld, convertido en Hermano María Alberico.

Trapa de Nuestra Señora del Sagrado Corazón (Siria), 18 de agosto de 1891.

A UN TRAPENSE

¿Puede quejarse aquel que hace la voluntad de Nuestro Señor? ¿Hay alguna cosa más dulce en el mundo que hacer la voluntad de Aquel a quien se ama? Y, si en la ejecución se encuentra alguna pena, entonces ¡la dulzura es doble!

A UN TRAPENSE (7 de febrero de 1891)

Nuestro descanso consiste en alegrarnos de la felicidad infinita de Dios y, mirando un poco más abajo, de alegrarnos de nuestras cruces y desear más todavía, pues de ese modo tenemos la dicha de imitarle y de probarle nuestro amor, ¡cosas tan queridas a un corazón que ama! Ni la felicidad, ni Dios, ni las cruces, nos faltarán jamás...

A UN AMIGO (con motivo del aniversario de su nacimiento) (15 de agosto de 1891)

Todas las fechas parecen decir hasta la vista y hablan del eterno retorno; todas parecen gritar que Nuestro Señor Jesús no estará eternamente escondido a sus pobres hijos, y ésta de hoy habla del Cielo con más fuerza que las otras. Es conveniente decirse, asimismo, cuando se es, como yo soy a menudo, tan horriblemente frío, tibio y distraído delante del Tabernáculo, que llegará un día en que este Señor que nosotros querríamos amar tanto se nos aparecerá en toda su belleza, y que al fin nosotros le amaremos... ¡Qué bueno es dejar pasar los días! ¿Quién sabe lo que nos queda de vida? Que sea poco o mucho, pueda Nuestro Señor obrar Él mismo en nosotros; que esto que reste de vida sea ¡todo para Él, todo por Él, todo por el consuelo de su Corazón!

(29 de noviembre de 1896)

Cuando se ama, querríase hablar sin cesar del ser amado, o al menos mirarle sin parar; la oración no es otra cosa: es la conversación familiar con nuestro Bien amado. Se le mira, se le dice que se le ama, se alegra uno de estar a sus pies, se le dice que se quiere vivir y morir...

Meditaciones sobre el Evangelio
(Extractos)

LAS *Meditaciones*, de las cuales damos aquí algunos extractos, se refieren todas a dos aspectos: la oración y la fe. Carlos de Foucauld las escribió durante el tiempo que vivió en la Trapa, particularmente, creemos, durante su estancia en Asia Menor en la Trapa de Akbés. Se notará que toma de cada evangelista, primeramente en San Mateo, después en San Marcos, más tarde en San Lucas y San Juan, los textos que se refieren a la conversación del alma con Dios; igualmente hará con lo que se refiere a la fe.

I

ORACION

Evangelio según San Mateo, cap. IV, v. 10: "Adorarás al Señor tu Dios", sois Vos quien nos lo decís.

¡Señor mío y Dios mío! : es la primera palabra salida de nuestra boca, referente a la oración, que se encuentra en el Evangelio; es también lo principal, el fundamento en nuestras oraciones; adorar, ponerse a vuestros pies, bajo vuestros pies, como anonadado, como el polvo, bueno solamente para pisarse, pero un polvo que piensa, un polvo que ama, un polvo que os admira, que os venera, que os ama apasionadamente, que besa y abraza vuestros pies y estando pisoteado por ellos se deshace en amor y veneración delante de Vos...

He aquí mi primer deber para con Vos, Señor mío, y Dios mío, ¡mi Maestro, mi Creador, mi Salvador, mi Dios bienamado! ...

Es para mi perfección, y la perfección de mi prójimo, por lo que hago estas pequeñas meditaciones. Y esta doble perfección yo no la quiero más que porque ella es lo que yo puedo hacer por vuestra gloria. Dignaos, pues, bendecir, Dios mío, este pequeño trabajo, este dulce trabajo, hecho únicamente por vuestra gloria, por y para la consolación de vuestro Corazón. Sagrado Corazón de Jesús: yo deposito en Vos este trabajo, hecho para Vos; derramad sobre él vuestras Gracias y que sea lo que Vos deseáis. Nuestra Señora del Perpetuo Socorro, concededme en esto, como en todos mis pensamientos, mis palabras y acciones, vuestro socorro todopoderoso y la gracia de pedíroslo sin cesar.

Madre mía, Santa Magdalena, San José, San Juan Bautista, San Pedro, San Pablo, buen ángel mío, santas mujeres, que habéis preparado los perfumes para embalsamar a Nuestro Señor, tamizad este trabajo y tamizadme a mí también como un perfume de agradable olor para los pies de Nuestro Señor...

San Mateo, cap. V, v. 44: "Pero Yo os digo: amad a vuestros enemigos", etc.

Rogar por nuestros enemigos y perseguidores. Pongamos cuidadosamente, con el cuidado escrupuloso del amor, esta orden en ejecución. Y para estar bien seguros de no omitirla, fijémonos tal o cual oración para decirla cada día por nuestros perseguidores y enemigos. Cuando nuestro Bienamado deja caer un mandamiento de sus labios, ¿no es lo menos que podemos hacer recogerlo y ejecutarlo con todo apresuramiento, todo el amor y toda la perfección posible?

> *San Mateo, cap. VI, v. 6: "Cuando oréis, entrad en vuestra habitación, y estando la puerta bien cerrada, orad a vuestro Padre en secreto".*

Nuestro Señor nos da aquí el precepto de la oración solitaria; encerrarnos en nuestra habitación y orar en soledad a nuestro Padre, que nos ve en lo secreto. Así, pues, al lado de la oración amada delante del Santo Sacramento, al lado de la oración en común, donde Nuestro Señor está en medio de aquellos que se reúnen para orar, amemos y practiquemos cada día la oración solitaria y secreta, esta oración donde nadie nos ve más que Nuestro Padre celestial, donde estamos absolutamente solos con El, donde nadie sabe que oramos, cara a cara, en un secreto delicioso, donde dejamos nuestro corazón en libertad, lejos de todos los ojos, de rodillas delante de nuestro Padre...

> *San Mateo, cap. VII, v. 8: "Quien pide recibe, quien busca encuentra".*

¡Cómo debemos pedir la glorificación de Dios, nuestra santidad y la del prójimo, ya que estamos absolutamente seguros de obtenerla! ... Y, en efecto, ¿no es natural que Aquel que nos ha amado hasta sufrir tanto por nosotros, nos ame lo suficiente para escucharnos? ¡Qué responsabilidad tenemos! Si no oramos bastante, somos responsables de todo el bien que podríamos hacer por medio de la oración que no hemos hecho. ¡Qué terrible responsabilidad! Pero ¡qué bondad por parte de Nuestro Señor hacernos así, de este modo, partícipes de su poderío, dando un tal valor a nuestras oraciones!

> *San Mateo, cap. IX, v. 22: "Tu fe te ha curado",*
> *dice nuestro Señor a la hemorroisa...*

Vemos que lo que Nuestro Señor recomienda por encima de todo en la oración es la fe. La recomienda casi a cada línea... ¿Por qué? 1.° Porque es lo que más nos falta. 2.° Porque cuando ella nos falta, nuestra oración, no solamente no puede ser agradable a Dios, sino que le es injuriosa. ¡Cómo nos falta yo lo veo demasiado, ¡ay! , por mi triste experiencia! Ella me falta tan a menudo por dos motivos: porque yo me miro demasiado a mí mismo y no miro lo suficiente a Dios; tengo los ojos fijos en mi indignidad, en lugar de tenerlos sobre su Bondad, sobre su Amor, sobre su Corazón abierto por mí, y porque yo miro mi petición demasiado humanamente; tengo delante de los ojos las dificultades que presentan las gracias que yo pido, la imposibilidad de ser atendidas por los hombres, los obstáculos que se oponen a su cumplimiento, en lugar de tener delante de los ojos la omnipotencia de Dios, a quien todo le es fácil... Tengamos, pues, sin cesar, bajo la mirada, el amor inmenso de Dios por nosotros, este amor que a El ha hecho soportar tantos sufrimientos por cada uno de nosotros y que El vuelve tan dulce, agradable, tan natural, al concedernos las más grandes gracias (cuanto más grandes son las gracias, más le es a El dulce hacérnoslas, es la naturaleza del amor) y esta facilidad infinita por la cual El puede hacerlas es lo que nos parece más difícil, lo más imposible.

San Mateo, cap. XIV, v. 23: "Subió sobre la montaña para orar, y cuando se puso el sol estaba solo..."

Nuestro Señor ora solo, ora por la noche. En Él es habitual. Muchas veces el Evangelio nos lo repite: "El se retiró solo durante la noche para orar..." Amemos, queramos, practiquemos según su ejemplo la oración nocturna y solitaria..., cuando todo duerme sobre la tierra, velemos y hagamos subir nuestras oraciones hacia Nuestro Creador... ¡Qué dulce es estar íntimamente con quien se ama en medio del silencio, del descanso universal y de las sombras que cubren a la tierra! ¡Qué dulce es ir en estas horas a gozar de la intimidad con Dios! ... Horas de incomparable felicidad, horas benditas, que hacían encontrar a San Antonio las noches demasiado cortas... Horas en que, mientras todo se calla, todo duerme, todo está sumergido en las sombras, yo vivo a los pies de Dios, explayando mi corazón en su amor. Diciéndole que le amo, y Él respondiéndome que yo no le amaré jamás, por grande que sea mi amor, tanto como Él me quiere... Afortunadas noches que Dios me permite pasar íntimamente con Él... ¡Oh, Señor mío y Dios mío, hacedme sentir como debiera el premio de tales momentos! Hacedme *delectare in Domino*... ¡Haced, siguiendo vuestro ejemplo, que no tenga horas más suaves y más envidiadas, momentos más queridos, de más verdadera tranquilidad que estas horas de oración nocturnas y solitarias!

¡Enseñadme, cada vez más, a prolongar estas horas en que, cuando todo duerme, yo velo solo a vuestros pies; en que, sin que nadie sepa ni participe de mi felicidad, yo gozo en la soledad de la noche de la presencia de Dios! ¡Oh Dios, qué dichoso sería si estas vigilias solitarias y afortunadas pudieran devorar cada vez más todas mis noches! ¡Cuántos santos han tenido esta felicidad! Yo sé bien que no la merezco, pero yo no merezco ningún favor y Vos me habéis hecho tantos, y además sé que Vos me amáis. ¡Dios mío, si esto, como yo creo, está de acuerdo con vuestra Voluntad, hacedme esa gracia, yo os lo pido, por todas las gracias que ya me habéis hecho y por vuestro Corazón! Amén...

Nuestra Señora del Perpetuo Socorro, Vos, a quien jamás he invocado en vano, obtenerme este favor y tended vuestra mano sobre mí para impedirme dormir, como yo lo hago tan a menudo, ¡ay!, cuando yo estoy a los pies de Nuestro Señor y El me invita a la oración para orar con El, ¡a pasar una hora de intimidad con El!

San Mateo, cap. XVII, v. 19: "Si tuviereis fe grande como un grano de mostaza, nada os sería imposible".

Podemos todo por la oración. Si no recibimos nada es porque o nos falta fe o no hemos orado bastante, o porque no sería conveniente para nosotros que lo que solicitamos nos sea concedido, o porque Dios nos quiera conceder otra cosa mejor que lo que pedimos. Pero jamás no recibiremos lo que pedimos porque sea demasiado difícil de obtener; nada es imposible de obtener... No vacilemos en pedir a Dios aun las cosas más difíciles, tales como la conversión de los grandes pecadores, de naciones enteras; pidámosle más que todas, aquellas que son las más difíciles, con la confianza de que Dios nos ama apasionadamente...; pero pidamos con fe, con insistencia, con constancia, con amor, con buena voluntad..., y estemos seguros de que si pedimos así y con suficiente confianza, seremos escuchados, recibiendo la gracia solicitada o una mejor.

Pidamos, pues, ardientemente a Nuestro Señor las cosas más imposibles de obtener, si ellas son para su gloria, y estemos convencidos que su Corazón nos las concederá, tanto más cuanto más imposibles parezcan humanamente, pues dar lo imposible es lo que más ama El y le es más agradable a su Corazón, ¿y cómo nos ama El?

> *San Mateo, cap. XVII, v. 20: "Este género de demonios no se ahuyentan más que por la oración y el ayuno".*

No por oraciones y ayunos especiales, pero sí por una vida de oración y ayuno. Si, por tanto, queremos resistir a las tentativas del demonio, nos es necesario vivir una vida de oraciones y de ayunos: éstas son las dos armas que Nuestro Señor nos indica... Para que nuestra vida sea una vida de oración es necesario dos cosas: primeramente, que ella encierre en sí misma un tiempo suficientemente largo cada día consagrado a la oración: después, que durante las horas consagradas a otras ocupaciones quedemos unidos a Dios, conservando la presencia y volviéndonos a El por frecuentes elevaciones de nuestros corazones y miradas...

> *San Mateo, cap. XVIII, v. 14: "Así vuestro Padre, que está en los cielos, no quiere que ninguno de estos pequeños perezca".*

Nuestro Señor ha venido a buscar lo que estaba perdido... El deja algunas ovejas que están en el redil para correr tras aquellas que se han extraviado... Hagamos como El, y puesto que nuestras oraciones son una fuerza, ¡cómo pueden estar seguras de obtener lo que piden! Corramos, por medio de nuestras oraciones, a la busca de pecadores; hagamos, por medio de ellas, la obra por la cual nuestro divino Esposo ha venido a la tierra... Si no somos llamados a la vida apostólica, ¡cómo debemos orar por la conversión de los pecadores! Pues la oración es casi el solo medio poderoso, grande, que tenemos para hacer el bien, para ayudar a nuestro Esposo en su labor de salvar a sus hijos, de sacar de un peligro mortal a aquellos que El tan apasionadamente ama y que por su Testamento nos ha ordenado amarlos como El mismo nos ama... Y si somos llamados al apostolado, nuestro apostolado será infructuoso si no oramos por aquellos que queremos convertir, pues Nuestro Señor no da más que al que pide, y no abre más que al llama... Para que Dios ponga buenas palabras en nuestros labios, buenos deseos en nuestros corazones, buena voluntad en las almas de aquellos a quienes nos dirijamos, es necesario la gracia de Dios, y para recibirla es necesario pedirla... Así, pues, cualquiera que sea nuestro género de vida, oremos mucho, mucho, por la conversión de los pecadores, pues es por esto, sobre todo, por lo que Nuestro Señor trabaja, sufre y ora...

Oremos cada día con toda nuestra alma por la salvación y santificación de estos hijos extraviados, pero tan amados de Nuestro Señor, a fin de que no perezcan, y sean felices; oremos cada día por ellos largamente, y con toda nuestra alma, para que el Corazón de Nuestro Señor sea consolado por su conversión y alegrado por su salvación...

San Mateo, cap. XXI, v. 13: "Mi casa es casa de oración; pero vosotros la habéis convertido en una cueva de ladrones".

Esto nos indica el respeto infinito que debemos tener por cualquier iglesia y capilla; con qué recogimiento y respeto es necesario estar allí; y si este recogimiento era obligatorio antiguamente, cuánto más necesario lo es ahora, que Nuestro Señor vive en nuestro Tabernáculo...

La palabra de Nuestro Señor nos dice además otra cosa; ella se aplica a nuestra alma: nuestra alma también es una casa de oración; la oración debe elevarse sin interrupción hacia el Cielo, como el humo del incienso, y ¡cuántas veces, ¡ay! , las distracciones, los pensamientos de la tierra, los que no son para la mayor gloria de Dios, aun los malos pensamientos, la ocupan, la llenan de ruido, de dudas y manchas y la hacen una cueva de ladrones! Esforcémonos con todas nuestras potencias, hagamos que nuestra mente esté siempre ocupada en Dios y en aquello que El nos encarga hacer en su servicio; y aun haciendo lo que nos encarga, echemos una mirada hacia El, sin jamás despegar el corazón de ninguna manera y los ojos lo menos posible, no atando éstos a nuestras ocupaciones en tanto que sea necesario y nuestro corazón de ninguna manera; que Dios sea el Rey de nuestros pensamientos, el Señor de nuestras ideas, que su pensamiento no desaparezca, y que todo lo que a El digamos, hagamos, pensemos, sea para El, sea dirigido por su Amor. Acordémonos de la expresión "dama de mis pensamientos" y que así nuestra alma sea siempre una casa de oración, nunca una caverna de ladrones. Que nada extraño tenga acceso; que ninguna cosa profana entre, ni aun de pasada. Que ella se ocupe sin cesar de su Bienamado... Cuando se ama no se pierde de vista lo que se ama...

San Mateo, cap. XXI, v. 16: "... y los niños... gritaban en el templo: Hosanna al Hijo de David".

Nuestro Señor da su aprobación a los niños que cantan: "Hosanna al Hijo de David". Da su aprobación y quiere que se le alabe... No le es suficiente que se le dé gracias, que se le pida perdón, que se le ruegue la concesión de gracias. Esas tres palabras, "gracias, perdón, socorrednos", tan indispensables y que deben estar en cada instante en el interior de nuestros corazones y sobre nuestros labios, no son suficientes para orar como debemos; es necesario, además, alabarle. Alabar es expresar su admiración, y al mismo tiempo su amor, pues el amor está inseparablemente unido a una admiración sin reservas. Por eso, alabar a Dios es derretirse a sus pies en palabras de admiración y de amor; es repetirle bajo todas las formas que El es infinitamente perfecto, amable e infinitamente amado; que su Belleza, nuestra admiración y nuestro amor son sin medida; es decirle sin fin, sin poner término a una tan dulce declaración que El es hermoso y que nosotros le amamos.

¡De qué manera la alabanza forma parte esencial del amor! Cómo, por consecuencia, es parte indispensable de nuestros deberes para con Dios, es fácil de ver... Pero hay una segunda causa por la cual debemos alabanza a Dios: es la de que nos permite dirigirle ésta; es, por su parte, un incomparable favor, permitir a cualquiera de nosotros decir, repetirnos bajo todas las formas, que nos ama. ¿No es éste el mayor favor que podemos hacerle? ¿No es esto decirle que su amor nos gusta, nos es agradable? ¿No es esto casi decirle que nosotros le amamos también? Dios nos permite tendernos a sus pies murmurando un sin fin de palabras, de admiración y de amor. ¡Qué gracia, qué bondad, qué gozo! Pero ¡qué ingratitud, si despreciamos tal favor! Esto sería despreciarlo sin aprovecharlo, y no solamente Dios nos permite este cúmulo de felicidad, sino que nos lo ordena: El nos ordena decirle que le admiramos y que le amamos. ¿Y nosotros no vamos a responder a una invitación tan preciosa y dulce? ¡Qué ingratitud! ¡Qué indignidad! ¡Qué grosería! ¡Qué monstruosidad! Señor mío y Dios mío, enseñadme a encontrar toda mi alegría en alabaros, es decir, repetiros sin fin que os amo infinitamente, *Delectare in Domino et dabit tibi petitiones tuas*, habéis dicho. Enseñadme a deleitarme en Vos, en la visión infinita de vuestra Belleza y el murmullo incesante a vuestros pies de vuestras alabanzas... ¡Santa Magdalena, dame la gracia de alabar a Nuestro Señor, nuestro común Maestro, como El quiere que lo haga!

San Mateo, cap. XXVI, v. 36: "Sentaos aquí mientras Yo voy allá a orar".

¿Qué hace el Señor durante la última hora que precede a su prisión y al comienzo de su Pasión? Se retira sólo para orar... Así, cuando tengamos una grave prueba que soportar, un peligro, un sufrimiento que afrontar, pasémoslo en oración, la oración solitaria en los últimos momentos, en la última hora que nos queda (1). En todo acontecimiento grave de nuestra vida hagámoslo así, preparémonos, busquemos fuerza, luz, gracia, para nosotros y comportémonos así, empleando en orar, y en orar solos la última hora, el último momento que nos queda...

San Mateo, cap. XXVI, v. 38: "Esperad aquí y velad conmigo".

---

(1) Carlos de Foucauld pasa en ese silencio que recomienda aquí las últimas horas que precedieron a su violenta muerte.

¿Es solamente a sus tres Apóstoles a quienes Nuestro Señor dice esto? No, es a todos nosotros, a los que El ama y ve durante su agonía, a todos nosotros, cuya compañía fiel y tierna en estos momentos dolorosos es para El un consuelo. Seamos, pues, fieles a esa práctica "de velar con El" todos los jueves por la noche para acompañarle, asistirle, consolarle, estar con El con toda nuestra alma, durante su agonía... Que esta vigilia del jueves por la noche, en unión con Nuestro Señor agonizante, sea una de nuestras más fieles prácticas en toda nuestra vida; no faltemos jamás a ella, por el amor del Corazón de Nuestro Señor; El nos lo pide formalmente por esas palabras dichas a sus Apóstoles. ¿Le rechazaremos nosotros? ¡Oh, Santísima Virgen; oh, ángel mío de la Guarda! , yo os lo suplico, para que no sea indigno y despreciable de rechazar a Jesús. Amén.

San Mateo, cap. XXVI, v. 39: "El se prosternó orando y diciendo..."

Nuestro Señor se prosterna para orar. Imitémosle, debemos orar prosternados, de rodillas, en las posturas más penitentes, las más humildes, las más suplicantes; éstas son, de todas las maneras, aquellas que nos convienen mejor y son, asimismo, las más dulces para nosotros, pues son las más amorosas. ¿Qué postura es la más amante, sino la de estarse de rodillas a los pies de nuestro Bienamado? ... No temamos estar sentado en su presencia, como Santa Magdalena, o en pie, pero prefiramos estar de rodillas, y cada vez que podamos, ya sea de rodillas o prosternados, El nos da aquí el ejemplo, como lo dictan la humildad, la penitencia, y sobre todo el amor, cómo deben hacerse nuestras oraciones.

> *San Mateo, cap. XXVI, v. 39: "Padre mío, si es posible, pase de mí este cáliz, mas no como yo quiero, sino como quieras Tú".*

Nuestro Señor nos enseña a orar; es necesario primeramente pedir a Dios lo que deseamos, con la sencillez del niño que habla a su padre, y después de esto, añadir: "Sin embargo, no mi voluntad, sino la vuestra".

Hagamos así, punto básico en nuestras oraciones: la sencillez absoluta; pidamos lo que desea nuestro corazón, sin pasar el tiempo en buscar si haríamos mejor pidiendo otra cosa; sin rebuscar, con toda sencillez, pidamos lo que deseamos, y después añadamos: "Sin embargo, no mi voluntad, sino la vuestra".

> *San Mateo, cap. XXVI, v. 40: "¿De modo que no habéis podido velar conmigo una hora?"*

¡No es solamente a vuestros Apóstoles que Vos decís esto, Dios mío! Es a todos aquellos que pudiendo velar con Vos, pudiendo hacer compañía durante la noche a vuestro Corazón afligido, consolaros, orando y velando con Vos con fidelidad y amor, no lo hacen, se dejan vencer por el sueño, faltos de ánimo y, por consiguiente, de amor; no se dan cuenta del todo del precio de una noche con Vos; no comprenden que velar a vuestros pies es un incomparable gozo, una felicidad de la que los santos y los ángeles mismos no son dignos; no gozan de vuestra presencia como se goza de la presencia de un ser apasionadamente amado, y no desean con pasión consolaros y aliviaros... Si ellos desearan consolaros como debiera ser, nunca cederían a pasión tan baja y brutal como el sueño; si ellos sintieran como debieran la felicidad infinita de orar a vuestros pies delante de Vos, ¿no se quedarían indefinidamente a orar en vuestra compañía sin apercibirse que el tiempo pasa y no teniendo otro temor en semejante alegría que el de verla terminar? ¡Ay, Dios mío! ¡Yo también soy de esos seres bajos, viles y groseros que tan a menudo se duermen a vuestros pies y son perezosos para luchar contra el sueño, cuando podría orar con Vos! ¡Perdón, perdón! ¡Socorredme, Dios mío, a fin de que yo no recaiga jamás en una tan detestable frialdad, en una tan indigna infidelidad! ¡Yo he caído tantas veces, yo detesto mi falta, la tengo horror! ... ¡Perdón, Dios mío, con toda mi alma! ...

Evangelio según San Marcos, cap. I, v. 35: "Saliendo de madrugada, se fue a un lugar desierto y allí oraba".

Hagamos como Nuestro Señor: levantémonos de madrugada, cuando todo está en calma alrededor de nosotros, cuando el silencio, las tinieblas, las sombras envuelven todavía la tierra y a los hombres, y en medio de este recogimiento universal, de este sopor en que todo está sumergido, levantémonos, velemos para Dios, elevemos hacia Él nuestros corazones y nuestras manos, derramemos nuestras almas a sus pies, y a esta hora en que la intimidad es tan secreta y suave, estemos a sus rodillas y gocemos íntimamente con nuestro Creador... ¡Qué bueno es Él al permitirnos estar a sus pies cuando todo duerme; qué bueno es al conceder a esta pobre criatura esta intimidad con su soberana Majestad, con su inefable Belleza! ... ¡Alegrémonos con toda nuestra alma de momentos tan afortunados, de un favor por encima de todas las palabras, de un favor, del cual ni hombres, ni santos, ni ángeles son dignos! Durante toda nuestra vida hagamos cada día esto, de lo cual

Nuestro Señor nos da aquí el ejemplo y que es el gozo de los gozos, una felicidad divina; levantémonos bastante antes del día y de madrugada, cuando todo duerme en la sombra y el silencio; comencemos al mismo tiempo nuestra jornada y vuestras oraciones y pasemos antes del día y del comienzo del trabajo largas horas orando a los pies de Dios... Adelantémonos a nuestros santos compañeros y busquemos, no solamente orar una parte de la noche, antes de nacer el día, sino orar solos, ignorados de todos, en completa soledad, como Nuestro Señor... Si nos ha sido recomendada por El la oración en común, también nos recomienda la oración solitaria y secreta y nos da el ejemplo. Sigamos los dos preceptos y los dos ejemplos.

> *San Marcos, cap. VII, v. 26-30: "Y ella le rogaba que lanzase el demonio del cuerpo de su hija". Jesús la dijo: "Dejo primeramente hartarse a los hijos, pues no está bien tomar el pan de éstos y echárselo a los perros"... Ella le respondió: "Sí, Señor; pero los perrillos comen debajo de la mesa las migajas del pan de los hijos". "Por lo que has dicho, vete; el demonio ha salido de tu hija".*

Nuestro Señor aprueba en alta voz la oración de la mujer siro-fenicia y, por consiguiente, nos la propone como modelo. ¿Qué vemos sobre todo en esta oración? Fe, humildad, constancia, brevedad, sencillez. La fe y la humildad son admirables. La constancia, a la que ninguna repulsa puede alterar. Hagamos lo mismo, seamos sencillos, breves, de una humildad que encuentre natural comparar y oírnos comparar a los perros; de una fe y de una constancia que ninguna sequedad, ninguna dificultad ni negativa, por repetida que sea, ninguna lentitud en ver el cumplimiento de nuestra petición, nos desanime.

> *San Marcos, cap. XIV, v. 38: "Velad y orad para que no entréis en tentación".*

Para resistir a la tentación nos es necesario dos cosas: 1.° Largas horas consagradas a la oración diariamente, con una regularidad inviolable. 2.° La continua oración durante el resto del tiempo, es decir, que durante las diversas ocupaciones que llenan el resto de la jornada es necesario tener el espíritu unido sin cesar a Dios, los ojos continuamente vueltos hacia El, sea por el sencillo pensamiento de la presencia, sea por la meditación, sea por medio de oraciones vocales, poco importa el medio, con tal que el alma mire a su Bienamado. Cuando trabajamos en una obra en presencia de un ser amado, ¿olvidamos un solo instante su presencia, que nos vuelve tan dichosos, nos hace encontrar el tiempo corto y los momentos tan felices, sin levantar a cada instante los ojos hacia ella? Hagamos lo mismo con Nuestro Señor Jesús, el Divino Esposo de nuestras almas. La oración continua durante todo el día apartará de nosotros las tentaciones, la presencia de Nuestro Señor las expulsa, impidiendo que nos perjudiquen...; las horas consagradas únicamente a la oración nos darán cada día la fuerza, con la gracia de Dios, de conservar su presencia durante todo el resto de la jornada y de dedicarnos a lo que llamamos "la oración continua".

> *San Marcos, cap. XV, v. 34: "¡Dios mío, Dios mío, por qué me has abandonado! ..."*

Esta frase nos enseña dos cosas: 1.° Es necesario dirigirse a Dios con una sencillez absoluta en todos nuestros pensamientos, y en nuestras quejas, como en el resto; en la alegría, nuestros gritos de júbilo; en el agradecimiento, nuestras acciones de gracia; en el arrepentimiento, nuestros "perdones"; en el deseo, nuestras súplicas; en el dolor, nuestras quejas. Como nuestro dolor lo permite El, debemos, no solamente quejarnos de El, como lo hace aquí Nuestro Señor; pero esto con el respeto, el amor y la sumisión, la conformidad amorosa e ilimitada con su Voluntad que tenía por El, su Hijo Unico y que le debemos nosotros, sus hijos, tan colmados de gracias por este Padre Bienamado e infinitamente bueno. 2.° Nuestro Señor emplea para hablar con su Padre dos palabras de la Escritura; sirvámonos de estas palabras infinitamente santas, palabras del Espíritu Santo, y empleémoslas en nuestras oraciones de cierta extensión, como hacían los antiguos judíos, como hace la Esposa de Cristo, la Santa Iglesia; sirvámonos de ella también en nuestras oraciones, jaculatorias, como lo hace aquí Nuestro Señor; en varias ocasiones, El mismo nos da el ejemplo, para mejor inculcarnos y enseñarnos que esto era una cosa habitual en El, y que, por consiguiente, esto mismo debemos hacer nosotros... No solamente El se sirve de las palabras de la Escritura para expresar los gritos de su alma, sino que se sirve de ellas, en los momentos más solemnes, en la tentación en el desierto y sobre la Cruz; dos palabras de un salmo son sus últimas palabras antes de su muerte. ¡Cómo debemos seguir el ejemplo que El nos da de una manera tan señalada! ... Y, por otra parte, ¿no es evidente que las palabras de la Escritura, inspiradas por Dios, valen más que nuestras palabras? Nosotros no podemos ofrecer a Dios nada más agradable después del Cuerpo de su Hijo que las palabras que su Corazón ha derramado desde el cielo sobre la tierra, las palabras sagradas caídas de sus propios labios.

> *Evangelio según San Lucas, cap. X, v. 42:* "María ha escogido la mejor parte y no le será arrebatada".

La mejor parte es la vida contemplativa, la vida de oración, la vida que se desliga enteramente de las cosas materiales, para no ocuparse en otra cosa que contemplar a Nuestro Señor; la vida donde el espíritu no se ocupa nunca de cosas terrenas, está toda entera sumergida en el pensamiento de Dios, mirándole, escuchándole, hablándole sin cesar, por medio de un sentimiento perpetuo de su presencia, y una oración que puede variar en los diferentes momentos del día, pero que no se interrumpe jamás... María vive como los demás, pero, haga lo que haga, sus ojos, su pensamiento y su corazón están siempre, enteramente sobre Jesús: El es toda su vida... Esto es, la vida contemplativa, la vida del amor más apasionado, del amor de admiración... Esta es la mejor parte, la de la Santísima Virgen y de San José en Nazaret; la parte de la Santísima Virgen durante toda su vida, la de San Juan Bautista en el desierto, la parte de María Magdalena en Betania, en Galilea, en Judea y en Provenza. ¡Que ésa sea la nuestra! Imitemos a nuestra bendita Madre, y a Santa Magdalena, esta apasionada adoradora de Jesús.

> *San Lucas, cap. XV, v. 10:* "Tal os digo que será la alegría entre los ángeles del cielo por un pecador que haga penitencia".

La alegría, y como consecuencia, también la acción de gracias, ya que todo bien procede de Dios... La acción de gracias debe ocupar un gran puesto en nuestras oraciones, pues la bondad de Dios precede a todos nuestros actos y circunda todos los instantes de nuestra vida; no hay momentos de nuestra existencia en que no recibamos una multitud inmensa de favores, tales, que toda la eternidad no nos bastaría para agradecer bastante cada uno de ellos... Cuando estemos delante del Santísimo Sacramento sobre todo, que nuestra primera palabra sea siempre "¡Gracias! ¡Gracias de estar a vuestros pies! ¡Qué feliz soy!", y cada vez que oremos, sea en el sitio que sea, "Gracias, una vez más, gracias por permitirme hablaros, orar, miraros, hablar con Vos, ¡Señor mío y Dios mío, mi Bienamado, mi dicha y mi vida!" No solamente agradecerle por nosotros, sino por todos los hombres, nuestros hermanos, vuestros hijos, Dios mío, que yo debo amar, que quiero amar tiernamente. Gracias por todas las almas del purgatorio, por todos los ángeles, por todos los ángeles, por todos los santos, por todos aquellos que Vos me pedís amar especialmente. Gracias por la Santísima Virgen; gracias por encima de todo, por Vos, Señor mío y Dios mío, cuya gloria y bienaventuranza infinita son mi felicidad, firme y segura, ¡manantial inagotable de alegría que nadie me puede quitar!

San Lucas, cap. XIX, c. 40: "Si ellos callasen, gritarían las piedras".

¡Es tan justo que se os alabe, Señor Jesús! ¡Tan indispensable es que vuestra alabanza forme parte de nuestro culto, de nuestras oraciones! Alabémosle, pues, en nuestras oraciones, adorémosle, no nos contentemos con decir gracias, perdón, ayudadnos, sino que hagamos preceder estas tres invocaciones tan necesarias de esta otra: "Os adoro", es decir, "Os amo", os alabo, Vos sois infinitamente hermoso, infinitamente amable. ¡Lo proclamo con todas mis fuerzas y querría poder proclamarlo suficientemente para que Vos pudieseis sacar gloria de ello, a pesar de que yo soy la nada, para que mi alabanza fuese digna de vuestra Belleza, aunque esto sea infinitamente imposible...! ¡Vos sólo podéis alabaros, Dios mío! ¡Yo me uno, pues, a Vos, ¡oh Jesús, Señor mío! , para poder alabar a vuestro Padre! ¡Yo me uno a Vos, ¡oh Espíritu Santo! , "que ponéis en mí gemidos inenarrables", para alabar a Jesús! ¡Yo me uno a Vos, ¡oh Padre del Hijo! , para alabar al Espíritu Santo, vuestro igual y Dios mío! Que la adoración, el acto de amor, de alabanza, estén, pues, en todas nuestras oraciones, y que ellas sean al comienzo, en primer lugar, como el acto de respeto y de amor, la primera cosa que nazca en nosotros cuando nos acercamos a Dios...

San Lucas, cap. XXII, v. 43: "Lleno de angustias oraba más insistentemente".

¡Dios mío, hacedme, yo os lo suplico, seguir vuestro ejemplo! Cuanto más sufrimos y más somos tentados, más necesario nos es orar: en la oración está nuestro socorro, nuestra sola fuerza, nuestro solo consuelo; que el dolor, la fuerza de la tentación, no la paralicen, pues: el demonio hace todos sus esfuerzos para detenerla en nosotros en estos momentos; pero lejos de ceder a esa tentación; lejos de ceder a la fragilidad de la naturaleza, que querría que el alma se absorbiera en su pena y no mirara a otra cosa, miremos a nuestro Salvador, que está allí, cerca de nosotros y hablémosle... El nos dice que está allí, que nos ama y que nosotros no tenemos una palabra ni una mirada para El. ¡Qué indignidad! Mirémosle, hablémosle sin descanso, como se hace cuando se ama, como hace aquí

Nuestro Señor con su Padre; cuanto más caemos en la angustia, más nos es necesario precipitarnos en el seno de nuestro Bienamado y apretarnos a El por medio de una oración ininterrumpida... ¡Dios mío, hacedme esta gracia, la gracia de seguir vuestro ejemplo, cumpliendo un deber tan imperioso y tan suave! ...

San Lucas, cap. XXIII, v. 46: "Padre mío, en tus manos encomiendo mi espíritu".

Esta es la última oración de nuestro Maestro, de nuestro Bienamado... Pueda ella ser la nuestra... Y que ella sea, no solamente la de nuestro último instante, sino la de todos nuestros momentos: "Padre mío, me entrego en vuestras manos; Padre, Padre mío, haced de mí lo que os plazca; sea lo que hagáis de mi, os lo agradezco; gracias de todo, estoy dispuesto a todo; lo acepto todo; os agradezco todo; con tal que vuestra Voluntad se haga en mí, Dios mío; con tal que vuestra Voluntad se haga en todas vuestras criaturas, en todos vuestros hijos, en todos aquellos que vuestro Corazón ama, no deseo nada más, Dios mío; en vuestras manos entrego mi alma; os la doy, Dios mío, con todo el amor de mi corazón, porque os amo y porque esto es para mí una necesidad de amor: darme, entregarme en vuestras manos sin medida; me entrego en vuestras manos sin medida; me entrego en vuestras manos con infinita confianza, pues Vos sois mi Padre..." (2).

---

(2) Esta oración, aligerada de algunas repeticiones, es la que actualmente los discípulos de Carlos de Foucauld, los "Hermanitos de Jesús", dicen al terminar el día y dedicarse al reposo. *(N. del T.).*

Evangelio según San Juan, cap. III, v. 29: "El amigo del Esposo que le acompaña y le oye, se alegra grandemente de oir la voz del Esposo".

¿No debo decir estas palabras, Dios mío, mi Señor Jesús, cada vez que escuche algún texto inspirado, un salmo, el Evangelio, sobre todo, el Padrenuestro, el Avemaría, en fin, cualquier texto de los libros inspirados? Esta es la voz del Espíritu Santo, que habla cada vez que las leo, que las escucho. Por tanto, debo decir estas palabras de San Juan y añadir: "Así, pues, en este momento, mi felicidad es perfecta..." Es en este júbilo en el que debo vivir cada vez que escucho, que leo, que recito algún texto, por corto que sea, de la palabra de Dios, de la palabra del Bienamado, de la palabra del Esposo ¡tan apasionadamente querido! ... Es en este júbilo, en este transporte de amor, en donde debo poner la voz del Esposo, cuando debo yo recitar el Oficio Divino, decir el Santo Rosario, leer la Santa Escritura. ¿Amamos, respetamos, veneramos, admiramos adoramos la palabra escrita o hablada de lo que se ama? ¡Adoremos, pues, besemos, queramos todas las palabras del Bienamado de nuestros corazones! ...

San Juan, cap. XII, v. 27: "Padre, librame de esta hora. Mas, para esto he venido yo a esta hora. Padre, glorifica tu nombre".

En ésta, bajo una forma distinta, aunque apenas diferente de la oración de Getsemaní, la llamada pura y sencilla a Dios, la petición expresada sencillamente de lo que desea la naturaleza, la naturaleza que sufre y que tiene necesidad, y que rápidamente se sobrepone y se dice a sí misma: No, Dios mío, esto u otra cosa, poco me importa; la sola cosa importante es vuestra gloria.

¡Glorificad vuestro Nombre! Dadme lo que más os glorifique. Esto es lo que os pido, no otra cosa. No toméis en cuenta mi primera petición; la he hecho, y debía hacerla, ya que Vos sois mi Padre y es mi deber exponeros mis necesidades. Pero, después de habéroslo dicho sencillamente, yo os recuerdo, os repito, os digo y vuelvo a decir que tengo otra necesidad mil veces mayor, mil veces más ardiente, y es la de veros glorificado. ¡Esta es mi verdadera y sola necesidad! Esta es la que yo os suplico que satisfagáis con todo el ardor de mi alma. ¡Padre mío, glorificaos en mí! ¡Padre mío, glorificad vuestro Nombre! ... Mi Señor Jesús, permitid que vuestra indigna y miserable criatura se una a Vos y haga en unión vuestra esta oración: Dios mío, yo os digo con mi Señor Jesús, uniendo mi voz a la suya adorable: "No lo que yo quiero, sino lo que Vos queráis"; mi solo deseo es que Vos seáis glorificado lo más posible; ésta es mi sed. ¡Padre mío, haced de mí lo que os plazca, mas, sea lo que sea, Padre mío, glorificad vuestro Nombre!

San Juan, cap. XV, v. 7: "Pedid lo que quisiereis y se os dará".

Esto os será concedido, o, como dicen los Padres, yo os daré otra cosa aún mejor... Nuestro Señor promete escuchar todas nuestras peticiones (puras y exentas de pecado, bien entendido, las otras le serían ultrajantes). El se reserva una sola cosa: cambiar el objeto de nuestra petición en uno mejor, darnos más todavía de lo que pedimos. ¡Oh, bendita reserva y bien digna de Vos! , ¡oh, Corazón Sagrado de Jesús! Reserva divina, por la cual Vos encontráis el medio de dar más de lo prometido. ¡Qué bueno sois! ¡Cuán felices somos! ... ¡Cuán sabia es vuestra previsión! Pues somos tan ignorantes que, aun con las mejores intenciones, pedimos frecuentemente cosas mediocres o peligrosas, cosas que sólo harían el mal... Pero Vos, Padre mío, Dios mío, Vos arregláis todo esto y nos dais lo que más nos conviene.

San Juan, cap. XVII, v. 1: "Padre, llegó la hora: glorifica a tu Hijo para que el Hijo te glorifique".

He aquí la oración más larga de Nuestro Señor, que nos ha conservado el Santo Evangelio (la oración de después de la Cena)... Estudiemos, pues, todas las partes y grabémoslas en nuestra mente para hacer de esta oración el modelo de las nuestras. Consideremos, sobre todo, dos cosas: el carácter general de esta oración y su sustancia en este versículo. El carácter es la confianza, el abandono: extrema sencillez de términos, tierna familiaridad. "Padre", es un Hijo que habla con un familiar y tierno abandono a su Padre... La sustancia es la glorificación de Dios "para que tu Hijo te glorifique". Hacemos notar que ese carácter y esa sustancia son los misoms de las primeras palabras del *Pater:* "Padrenuestro, santificado sea el tu Nombre..." ¡De qué modo esta confianza, esta tierna familiaridad, esta petición, en primer lugar, ante todo y por encima de todo, de la glorificación de Dios, debe encontrarse en todas nuestras oraciones y formar su fondo, la parte principal!

San Juan, cap. XVII, vv. 2 al 5: "Según el poder que Tú le diste sobre toda carne, para que a todos los que Tú le diste les dé Él la Vida Eterna. Esta es la Vida Eterna, que te conozcan a Ti único Dios verdadero y a tu enviado Jesucristo. Yo te he glorificado sobre la tierra, llevando a cabo la obra que me encomendaste realizar. Ahora Tú, Padre, glorifícame cerca de Ti mismo, con la gloria que comparto contigo antes que el mundo existiese".

El carácter de la oración continua sigue siendo el perfecto abandono, la sencillez, la familiaridad: Nuestro Señor "piensa en alta voz" a los pies de su Padre. La materia, la sustancia, lo que pide es la muerte, pide el Cielo; imitémosle; que nuestras oraciones tengan este carácter de abandono filial; pensemos en alto a los pies de Dios y pidámosle a menudo el fin de nuestro exilio; esta muerte que nos aproximará al fin a El; pidámosla, deseémosla, ardentísimamente, para verle, gozar con El, poseerle, para amarle perfectamente y no ofenderle más; pidamos muy frecuentemente a Dios que nos arrebate de esta tierra, en la que le ofendemos y le amamos tan poco, en la que estamos separados de El, y que nos conduzca al Cielo, en donde le amaremos, no le ofenderemos y estaremos a sus pies durante la eternidad...

San Juan, cap. XIX, v. 30: "Todo está acabado".

Esta es la última palabra de Nuestro Señor a su Padre que cita San Juan.

"He cumplido todo lo que me habéis encomendado". ¡Dios mío, pueda esta palabra ser la nuestra en la última hora! No en el mismo sentido, ni con la misma perfección: nosotros somos unos pobres hombres; pero sí al menos en la medida en que es posible a nuestra miseria..., y para esto, ¿qué es necesario hacer, Dios mío? Es necesario que os pida qué es lo que debo hacer, que os pida hacerlo, puesto que de Vos procede toda la fuerza. ¡Señor mío y Dios mío, yo os lo suplico, hacedme conocer claramente vuestra Voluntad! Y después dadme la fuerza de cumplirla, de cumplirla fielmente hasta el fin con gratitud y amor... Me parece que me decís: su fuerza, su constancia, su belleza; prueba esto que me respondéis, Dios mío: "La atracción que Yo te he dado Yo la quiero de ti... Pero Yo he puesto a esta vocación excepcional una condición: es la de que comiences a convertirte y que des los primeros pasos en el camino de la perfección... Yo espero siempre y tú no das un paso, retrocedes más bien; marcha, pues, al fin, adelante, conviértete. Yo espero hace mucho tiempo. Mi paciencia no durará siempre". ¡Dios mío, perdón, perdón de mi tibieza, de mi cobardía, perdón de mi disipación, de mi orgullo, del apego a mi propia voluntad, de mi fragilidad e inconstancia; perdón del desorden de mis pensamientos, perdón de acordarme tan poco a veces de que estoy en vuestra Presencia; perdón, perdón, perdón de todas mis faltas, de todas las faltas de mi vida, y sobre todo de aquellas cometidas después del comienzo de mi conversión! ... ¡Gracias de todas vuestras mercedes, Dios mío! ¡Dios mío, socorredme, socorred al que Vos habéis colmado de tantos dones, a fin de que pueda convertirse y pueda aprovecharse de los dones maravillosos que todavía Vos le ofrecéis, a fin de que él, que es tan indigno, haga plenamente lo que Vos queréis, aquello a lo que vuestra Bondad inefable le llama! ¡Dios mío, convertidme, por el nombre de mi Señor Jesucristo! ¡Vos, que podéis "de piedras hacer hijos de Abraham", Vos que sois Todopoderoso, que estáis por encima de todas las criaturas, Vos, que podéis todo en mí, dadme un buen espíritu, la Sabiduría, que habéis prometido dar a aquellos que lo pidieran! Convertidme y haced que yo os glorifique lo más posible, hasta el último suspiro y durante la eternidad, y yo os lo pido en el nombre de Nuestro Señor Jesucristo. Amén. Amén. Amén.

Fe

San Mateo, cap. VIII, v. 26: "¿Por qué tenéis miedo, hombres de poca fe?"

ESTA es una de las cosas que nosotros debemos hacer de una manera absoluta para con Nuestro Señor: no tener jamás miedo... Tener miedo es hacerle una doble injuria; esto es, 1.°, olvidarle, olvidar que El está con nosotros, que nos ama, y que El es omnipotente; 2.°, es no estar conformes con su Voluntad. Si conformásemos nuestra voluntad con la suya, todo lo que sucediera, siendo querido o permitido por El, nos haría dichosos con todo lo que ocurriese, y no tendríamos nunca ni inquietud ni temor... Tengamos, pues, esta fe que destierra al miedo; tenemos a nuestro lado, junto a nosotros y en nosotros, a Nuestro Señor Jesús, nuestro Dios, que nos ama infinitamente, que es Todopoderoso, que sabe lo que nos conviene, que nos ha dicho: buscad el Reino del Cielo y que el resto se nos dará por añadidura. Marchemos rectos, en esta bendita y omnipotente compañía, en el camino de los más perfectos, y estemos seguros que no nos ocurrirá nada de lo cual no podamos sacar un mayor bien para su gloria, nuestra santificación y la de los demás, que todo lo que sucede es querido o permitido por El y que, por consiguiente, lejos de tener una sombra de temor, tengamos que decir: "Bendito sea Dios, sea lo que pase", y pedirle que arregle todas las cosas, no según nuestras ideas, pero sí para su mayor gloria. No olvidemos nunca estos dos principios: "Jesús está aquí conmigo... Todo lo que suceda, sucede por la voluntad de Dios".

San Mateo, cap. IX, v. 22: "Hija, ten confianza; tu fe te ha sanado".

La virtud que Nuestro Señor recompensa más, la que más alaba, es casi siempre la fe. Algunas veces alaba el amor, como en la Magdalena; algunas otras, la humildad; pero estos ejemplos son raros; es casi siempre la fe la que recibe de El la recompensa y las alabanzas... ¿Por qué? ... Sin duda porque la fe es la virtud, si no la más alta (la caridad va delante), al menos la más importante, pues ella es el fundamento de todas las otras, comprendida la caridad, y también porque es la más rara... Tener verdaderamente fe, la fe que inspira todas las acciones, esa fe sobrenatural que despoja al mundo de su máscara y muestra a Dios en todas las cosas; que hace desaparecer toda imposibilidad, que hace que todas estas palabras, inquietud, peligro y temor, no tengan sentido; que hace que se ande por la vida con una calma, una paz y una alegría profundas, como un niño de la mano de su madre, que establece al alma en un desasimiento tan absoluto de las cosas sensibles, en las cuales ella ve claramente la nada y la puerilidad; que da confianza en la oración, la confianza del niño, pidiendo una cosa justa a su padre; esa fe que nos muestra "que fuera de lo que es agradable a Dios, todo es mentira"; esa fe que hace ver todo como bajo otro prisma —a los hombres a imagen de Dios, que hace falta amar y venerar como retrato de nuestro Bienamado y a los que es necesario hacer todo el bien posible; a las otras criaturas como cosas que deben, sin excepción, ayudarnos a ganar el Cielo, alabando a Dios a este efecto, sirviéndole o privándonos—; esa fe, que haciéndonos entrever la grandeza de Dios, nos hace ver nuestra pequeñez; que hace emprender sin dudar, sin enrojecer, sin temor, sin retroceder jamás, todo lo que es agradable a Dios. ¡Oh, qué rara es esta fe! ... ¡Dios mío, dádmela! ¡Dios mío, haced que yo crea y que ame; os lo pido en nombre de Nuestro Señor Jesuscristo! Amén.

San Mateo, cap. XIV, v. 31: "Hombre de poca fe, ¿por qué has dudado?"

¡Cuán grande es la fe que Nuestro Señor pide de nosotros! y en justicia... ¿De qué clase de fe no le somos a El deudores? Después de la palabra de Nuestro Señor: "Ven", Pedro no debía temer más y marchar con confianza sobre las aguas... Así, cuando Jesús nos ha llamado con toda seguridad a un estado o dado una vocación, no debemos temer nada, sino enfrentarnos sin titubear con los más insuperables obstáculos. Jesús nos ha dicho: "Ven"; tenemos gracia para andar sobre las olas. Esto nos parece imposible, pero Jesús es el Señor de lo imposible... Es necesario tres cosas: primeramente, hacer como Pedro, suplicar a Nuestro Señor que nos llame a El bien claramente; luego, después de haber entendido claramente el "Ven", sin el cual no tenemos el derecho de echarnos al agua (ello sería presunción e imprudencia, arriesgar gravemente nuestra vida; sería pecado y a menudo pecado grave, pues arriesgar la vida del alma es todavía más criminal que aventurar la vida del cuerpo), después de haber oído claramente el "Ven" de Jesús (hasta ese momento nuestro deber es orar y esperar), hay que echarse al agua sin dudar, como San Pedro. En fin, es necesario, confiando en el "Ven" salido de la boca de Dios, andar hacia el fin sobre las olas, sin sombra de inquietud, seguros que si andamos con fe y fidelidad, todo nos será fácil en la vida a la que Jesús nos llama, y esto por la virtud de esta palabra "Ven". Andemos, pues, por el camino que El nos trajo con una fe absoluta, pues el Cielo y la tierra pasarán, pero su palabra no pasará.

San Mateo, cap. XV, v. 28: "¡Oh mujer, grande es tu fe! Hágase contigo como tú quieres".

Nuestro Señor alaba a la cananea por haber continuado rogándole, a pesar de sus negativas y por haber tenido fe en El, en su Poderío, en su Bondad; y, a causa de esta fe y de esta insistencia, El le concede su petición; es así como nosotros seremos escuchados cada vez que se lo pidamos con fe e insistencia...

Nuestro Señor no ha cambiado desde el tiempo en que El recorría los confines de Tiro; el hombre cambia, pero Dios no cambia. El es exactamente el mismo que antes: la misma Divinidad, el mismo Poderío, la misma Bondad, la misma compasión por los hombres, la misma buena voluntad para escuchar la oración y la fe: roguémosle, pues...

> *San Mateo, cap. XVI, v. 8: "¿Qué pensamientos son los vuestros, hombres de poca fe? ¿Que no tenéis pan?"*

Nuestro Señor no permite la duda a sus servidores, de que ellos puedan tener siempre el pan cotidiano en la medida que sea conveniente para sus almas... Y es bien justo que les prohiba toda duda, inquietud, todo cuidado bajo este punto; es bien justo por dos razones: primeramente, porque El les ha dicho: "Buscad mi Reino y mi Justicia y el resto os será dado por añadidura".

Por estas palabras, Nuestro Señor se ha comprometido a dar a todos aquellos que se hicieran sus discípulos, que abrazaran la pobreza y la vida religiosa, para seguirle, a darles todo lo necesario (en la medida en que ello sea conveniente), con tal que ellos gusten servirle bien; dudar, después de esto, si se tendrá lo necesario, tener cuidado por las cosas temporales, es para los religiosos no creer en la palabra de Jesús, es hacerle una injuria mortal...

En segundo lugar, cuando se ama no se piensa más que en una cosa: en el ser amado; no se inquieta uno más que por una cosa: del bien del ser amado, de su posesión: en las demás cosas se es incapaz de fijar el menor precio, la menor importancia... Cuando se ama, una sola cosa existe: el ser amado; el resto del mundo es como una nada, no existe... Si un corazón ama a Dios, ¿puede encontrar lugar para las inquietudes y los cuidados materiales?

> *San Mateo, cap. XI, vv. 22, 23, 24: "Tened fe en Dios... Todo lo que orando pidiereis, creed que lo recibiréis y se os dará".*

¡Cuántas veces nos repetís estas palabras, Dios mío, en todos los Evangelios y en los mismos términos! ... ¡Qué importancia tendrán ellas cuando nos las inculcáis con tanta insistencia! Hacedme esta gracia, Dios mío, de comprenderlo bien... Todo lo que yo os pida, puesto que os lo pido con fe, con confianza, lo recibiré, Vos me lo concederéis; con tal, siempre, que lo que os pida no sea pernicioso para mí, o sea un bien mediocre que parezca grande a mis ojos y Vos queráis darme en su lugar otro verdaderamente mayor... Vos sois un Padre, y un Padre todopoderoso e infinitamente sabio, así como infinitamente bueno y tierno; Vos decís a vuestro hijito, pequeñito, balbuciendo apenas y no andando más que con la ayuda de vuestra mano: "Todo lo que pidas te lo daré con tal que me lo pidas con confianza..." Vos se lo dais con facilidad, con prisa, cuando las peticiones son razonables, sobre todo cuando éstas responden a vuestros deseos, a los sentimientos que Vos queréis ver en él, cuando ellas están conformes con lo que Vos mismo deseáis más ardientemente que él. Si él os pide juguetes cortantes y peligrosos, Vos se lo rehusáis por afecto a él; pero Vos le consoláis dándole en su lugar otras dulzuras sin peligro; si él os pide con gran insistencia ir a un lugar en el cual Vos veis que él no obtendrá ningún beneficio, Vos no le concedéis el falso bien que pide, pero le concedéis el verdadero bien que él pediría si viese claro, y le tomáis por la mano para conducirle, no donde él tenía deseos de ir, pero sí adonde es mejor para él que vaya...

SEGUNDA PARTE

EL SIRVIENTE DE LAS CLARISAS

E N el curso de los seis años de su vida en la Trapa se afirma la vocación más excepcional de nuestros tiempos y que debía emprender Carlos de Foucauld en las más duras soledades del mundo. Al principio de 1897, la hora se acercaba para él de renovar sus votos de trapense. Ellos no fueron renovados. El vizconde de Foucauld, con la aprobación de sus superiores, que reconocían un llamamiento especial, abandona la Trapa, y se ofrece como sirviente, jardinero, recadero de un convento de clarisas, en Nazaret, y vive de esta manera alrededor de tres años: de 1897 a 1900.

RETIRO HECHO EN NAZARET
del 5 al 15 de noviembre de 1897

Carlos de Foucauld vivía entonces en una cabaña de planchas, especie de garita cubierta de tejas, adosada al muro de clausura de las clarisas, y en donde se encerraban los útiles del jardinero. Durante su retiro, Carlos de Foucauld meditaba, sea en esta celda, sea en la capilla del convento, delante del Santo Sacramento expuesto. De ahí las alusiones, tanto al silencio del campo, tanto a la presencia de Nuestro Señor en la Hostia.

OBJETO DEL RETIRO

¡Señor mío y Dios mío, que estáis aquí presente, que estáis en mí y alrededor de mí, yo os adoro con toda mi alma!; gracias por vuestros infinitos favores, perdón de mis infidelidades sin número; socorredme, a fin de que yo os consuele lo más posible, durante todos los instantes de mi vida...

Intentar conocer mejor vuestra Voluntad sobre mí, para hacerla (y mejor aún, procurar vuestro Bien), he aquí el doble fin de este pequeño retiro... Bendecidle, Dios mío, que lo haga solamente por Vos; no por mí, sino por Vos; no por los demás, sino para Vos... Yo debo amarme a mí mismo y a los demás, pero por Vos; esto es lo secundario, pero Vos sois lo principal, mi Dios y mi Todo; Vos, que sólo sois el Ser..., haced, Dios mío, que yo haga este retiro lo mejor posible, en, por y para Vos y que él me sirva para conoceros y para amaros; conocer vuestra Voluntad y hacerla; todo esto para consolar lo más posible a vuestro Corazón; ésta es la sola cosa que yo deseo. Amén. Amén.

DIOS, SUS PERFECCIONES, SU PRESENCIA

¡Dios mío, qué bueno sois! Esta mañana estaba en esta querida celdita, donde es tan dulce pasar a vuestros pies las horas silenciosas de la noche, estar íntimamente con Vos, mientras que todo duerme sobre la tierra, sólo para adoraros y estar arrodillado delante de Vos, diciéndoos que os amo, mientras que todo está sepultado en la oscuridad, el silencio y el sueño... Este momento es la hora de las gracias... Estoy delante del Santo Sacramento, ¡y el Santo Sacramento expuesto! ¡Qué felicidad! ¡Estoy cerca de Vos, junto a Vos! ¡Oh Dios mío! Haced que yo sea como debo ser, dadme las ideas, las palabras que debo tener en Vos, por Vos y para Vos.

¡Gracias, Dios mío, por comenzar este retiro en un día de exposición del Santo Sacramento! Vos queréis no dejar pasar una sola gracia sin hacérmela. ¡Gracias, gracias! ¡Oh Dios mío, gracias por vuestras mercedes, porque ellas son suavísimas; gracias porque siento las necesidades que tengo, y cómo mi miseria, mi cobardía, mi tibieza excepcionales, tienen necesidad de un socorro también excepcional! Vos proporcionáis vuestras ayudas, no a los méritos, pero sí a las necesidades, afortunadamente. "Vos habéis venido para los enfermos, no para los sanos". ¡Qué bien lo comprendo! De qué manera, sintiéndome amado, apretado sobre vuestro Corazón, mi Bienamado Jesús, mi Dios, mi Maestro, Vos, que me permitís llamaros mi divino Esposo, siento la necesidad de vuestras ternuras, de vuestras caricias, a causa de mi fragilidad infinita.

Vos queréis que en este retiro yo os considere primeramente a Vos Dios y a Vos Jesús, Dios y Hombre... Además, que considere lo que queréis de mí, es decir, mi deber, mi vida, yo, porque toda mi vida y yo mismo no deben ser más que el cumplimiento de mis deberes, de vuestra Voluntad... Haced que ello sea así, que no exista nunca más diferencia entre *yo* y el *cumplimiento de vuestra Voluntad*. ¡Oh Dios mío, puedan siempre estos dos términos ser idénticos en, por y para Vos! Amén.

Considerar a Dios yo, gusano de la tierra; poner mis ojos en Vos, ¡el Infinito! ¡Cómo es esto posible! Y, sin embargo, esto es posible, Vos nos lo enseñáis, y aun es un deber... De las cosas naturales, podemos y debemos elevarnos a Vos: subiendo de la belleza material a la belleza de una hermosa alma; de las cosas espirituales, subiendo de grado en grado en la escala de los seres, debemos llegar a la idea del espíritu perfecto, añadiendo perfecciones suprimiendo las imperfecciones y extendiendo la belleza de aquéllas hasta la excelencia que sobrepasa a todo, para llegar al fin a la idea de Vos, Padre mío...

Mi Creador, Padre mío, mi Bienamado, Vos, que estáis ahí a tres metros de mí, bajo la apariencia de esta Hostia, Vos sois la suprema Belleza, la Belleza creada, la Belleza de la Naturaleza, la del cielo a la puesta del sol, la del mar liso como un espejo bajo el cielo azul, la de los bosques sombreados, la de los jardines floridos, la de las montañas, la de los grandes horizontes de los desiertos, la de las nieves y glaciares, la belleza de una hermosa alma reflejándose sobre un rostro hermoso, la belleza de una hermosa acción y una hermosa vida, la de una gran alma; todas estas bellezas no son más que el pálido reflejo de la vuestra, Dios mío. Todo lo que ha deslumbrado a mis ojos en este mundo no es más que lo más pobre, el más sublime reflejo de vuestra Belleza infinita...

¡Oh Dios mío, hacedme esa gracia de no ver otra cosa que a Vos; que a Vos en las criaturas; de no detenerme en ellas, de no ver jamás la belleza material o espiritual que existe en las mismas como cosa de ellas, sino como cosa vuestra! Hacedme perforar los velos y no dejad jamás a este pobre compuesto de la nada y del ser ruinoso y desfalleciente que soy, pero en todo *el ser* que veo en una criatura, pasar en seguida por encima de las apariencias y ver más allá de ese pobre compuesto, *al Ser por esencia*, a quien la existencia pertenece enteramente y que ha echado una partícula sobre esa criatura que nos agrada. Si esa partícula nos parece hermosa, ¡cuánto más hermoso será el Ser perfecto que la ha dejado caer como una limosna, como una moneda dada a un pobre! ¡Dios mío, hacedme esta gracia que hicisteis a Santa Teresa, de no atribuir nunca a las criaturas los bienes materiales que existen en ellas, de no detenerme jamás en las mismas, pues ellos no vienen de ellas sino del Ser soberano... Detenerme sería una falta de delicadeza, una ingratitud, un abuso de confianza, pues Dios no da la belleza a las criaturas y no lleva mi alma a arrebatarse, más que para dejarse entrever por mí, para atraerme a El, para excitar mi agradecimiento por su Bondad, mi amor por su Belleza, y hacerme así ascender hasta su trono y establecer allí la vida del alma, en la adoración, la contemplación maravillosa, la gratitud... Tener toda mi conversación en los cielos, puesto que la visión de la tierra no hace más que dejar adivinar vuestras Bellezas y Ternuras...

Y este Ser perfecto no está lejos de mí; este Ser, que es todo el Ser, que es el solo Ser verdadero, que es toda la belleza, bondad, amor, sabiduría, ciencia, inteligencia. Las criaturas en las cuales yo admiro algunos reflejos de sus perfecciones, sobre las cuales cae un pequeño rayo de ese sol infinito, están fuera de mí, distantes de mí, separadas de mí, pero Vos, Dios mío, Vos, la Perfección, la Belleza, la Verdad, el Amor infinito y esencial, Vos estáis en mí, estáis alrededor de mí... Vos me colmáis enteramente..., y no hay ninguna partícula de mi cuerpo que no llenéis, y alrededor de mí Vos me tocáis más de cerca que el aire que me envuelve... ¡Qué dichoso soy! ¡Qué felicidad! Estar unido hasta ese punto a la Perfección misma; vivir en ella, ¡poseerla viviente en mí! ¡Dios mío, que vivís en mi y en quien yo vivo, hacedme comprender mi felicidad y hacedme comprender mis deberes! ... .

¡Dios mío, dignaos darme ese *sentimiento continuo de vuestra Presencia,* de vuestra Presencia en mí y alrededor de mí! ... Y, al mismo tiempo, *ese amor temeroso que se siente en presencia de quien se ama apasionadamente,* y que hace que se esté delante de la persona amada, sin poder separar de ella los ojos, con un gran deseo y una voluntad de hacer todo lo que le agrade, todo lo que es beneficioso para ella, y un temor de hacer, decir o pensar alguna cosa que le disguste o le haga daño... En Vos, por Vos y para Vos. Amén.

PENSAMIENTOS DE DIOS

Yo debo intentar conoceros, Dios mío, a fin de amaros mejor; cuanto más os conociera, más os amaría, porque en Vos todo es perfecto, admirable, amable. Conoceros un poco más es ver la belleza más deslumbradora, más transparente, es estar arrebatado de amor... Vos sois pensamientos, palabras y acciones, Dios mío. Vos reflexionáis sin cesar en vuestro Espíritu... Vuestros pensamientos no varían... Vos os veis siempre a Vos mismo, vuestras perfecciones, vuestras obras, las presentes, las futuras y las posibles, durante todos los siglos y en todos los siglos. Vos os veis, pues sois Inteligencia... Vos os amáis, pues sois Voluntad... Os amáis infinitamente y necesariamente, pues sois Justo, y siendo Justo, amáis infinitamente al Ser, infinitamente digno de ser amado, infinitamente perfecto, Vos mismo... ¡Dios mío, que estáis en mí, alrededor de mí; mi Señor Jesús, mi Dios, que estáis tan cerca de mí en esta Hostia expuesto, ved, pues, lo que son vuestros pensamientos: una *mirada* y un *amor*... Una mirada sobre Vos solo, y con esta mirada sobre Vos solo, veis todas vuestras obras. Un amor soberano, infinito, por Vos mismo; amor necesario, y que no puede dejar de ser, puesto que él es la consecuencia de vuestra justicia infinita, y en este amor, Vos amáis vuestras obras, por una parte por ser vuestras, porque proceden de Vos, son las obras del Ser infinitamente amable y amado; por otra parte, a causa de la belleza que existe en ellas de la partícula del ser, del reflejo de belleza divina que habéis dejado caer en cada una de ellas y que es una cosa buena y amable; por otra parte, en fin, por pura bondad, *quoniam bonus*, porque Vos sois bueno y a Vos es natural amaros...

PALABRAS Y ACCIONES DE DIOS

Vos habláis, Dios mío, a los hombres de dos maneras, sobre todo: en alta voz, pudiéramos decir, y en voz baja... En alta voz por medio de vuestros libros inspirados, la Santa Escritura; en voz baja por todo lo que vuestras gracias inspiran, por todas las palabras interiores que inspiráis a los fieles... ¿Habláis a los espíritus puros? ¿Cómo? ¿A quién más habláis aún? Lo ignoro, Dios mío. Sois infinito, yo soy un punto, un átomo. ¿Qué sé yo de Vos? Lo suficiente para conocer que sois el Infinito, el Ser, la Perfección, y esto basta para mostrarme que debo amaros sin medida; por tanto, me regocijaré de conoceros mejor en el Cielo, viendo mejor vuestras bellezas, os amaré aún más...

JESUS, SU ENCARNACION, SU NACIMIENTO
(6 de noviembre de 1897)

Señor mío y Dios mío, ¡qué jornada más dulce! Sois Vos, mi Señor Jesús, en el día de hoy el motivo de mis meditaciones...

Sí, Dios mío, Vos sois constante, fiel, continuáis vuestras mercedes, los santos y los ángeles continúan ayudándome... Solamente yo soy quien no me ayudo a mí mismo: Vos me empujáis hacia el bien y me colmáis de gracias; todo me ayuda en el Cielo y en la tierra... Solamente yo soy quien pone obstáculos por mi cobardía, fragilidad y tibieza...

La Encarnación tiene su raíz en la bondad de Dios... Pero una cosa aparece primeramente, tan maravillosa, brillante y asombrosa, que brilla como un signo deslumbrador: es la humildad infinita que encierra tal misterio... Dios, el Ser, el Infinito, lo Perfecto, el Creador, el Omnipotente inmenso, soberano Señor de todo, haciéndose Hombre, uniéndose a un alma y a un cuerpo humano y apareciendo sobre la tierra como un Hombre, y el último de los hombres...

En la estima del mundo, ¿qué es esto? ¿Conviene que Dios la busque? Viendo el mundo desde las alturas de la divinidad, todo es igual a sus ojos; lo grande, lo pequeño, todo es como una hormiga y un gusano de la tierra... Desdeñando esas falsas grandezas, que son, en realidad, tan extremas pequeñeces, Dios no ha querido revestirse de ellas... Y como El venía a la tierra para rescatarnos, enseñarnos, y para hacerse conocer y amar, ha tenido a bien darnos, desde su entrada en este mundo y durante toda su vida, esta lección de desprecio de las grandezas humanas, del desasimiento completo de la estimación de los hombres... Ha nacido, vivido y muerto en la más profunda abyección y los últimos oprobios, habiendo escogido una vez para siempre, de tal manera el último puesto, que nadie ha podido estar más bajo que El... Y si ha ocupado con tanta constancia y cuidado este último puesto, ha sido para instruirnos y enseñarnos que los hombres y la estima de los mismos no son nada, no valen nada; que no conviene despreciar a aquellos que ocupan las más bajísimas situaciones, que los más pobres y abyectos no deben entristecerse de su vileza: ellos están cerca de Dios, cerca del Rey de Reyes de este mundo; esto es, para enseñarnos que nuestra conversación, no siendo de este mundo, no debemos hacer caso del mismo..., sino vivir para este reino de los cielos, que el Dios Hombre veía desde aquí abajo por medio de la visión beatífica, y que nosotros debemos tener presente sin cesar bajo los ojos de la fe, andando por este mundo como si no fuéramos de este mundo, sin cuidado de las cosas externas, no ocupándonos más que de una cosa: contemplar, amar a Nuestro Padre celestial y hacer su voluntad...

Resoluciones.—En mis pensamientos, palabras y acciones sea por mí, sea por el prójimo, no hacer *ningún caso de la grandeza, de la ilustración, de la estima humana, sino apreciar aún más a los más pobres que a los más ricos*... Prestar más atención al último obrero que al príncipe, puesto que Dios ha aparecido como el último de los obreros... *Para mí, buscar siempre el último de los últimos puestos*, para ser también pequeño, como mi Maestro, para estar con El, marchar tras El, paso a paso, como fiel criado, fiel discípulo, y, puesto que en su bondad infinita, incomprensible, se digna permitirse hablar así, como fiel hermano y fiel esposo...

En consecuencia, organizar mi vida para ser el último, el más despreciado de los hombres, para pasarla con mi Maestro, mi Señor, mi Hermano, mi Esposo, que ha sido la abyección del pueblo y el oprobio de la tierra, "un gusano y no un hombre..."

Vivir dentro de la pobreza, la abyección, el sufrimiento, la soledad, el abandono, para vivir en la vida, con mi Maestro y mi Hermano, mi Esposo, mi Dios, que ha vivido así toda su vida y me da tal ejemplo desde su nacimiento.

JESUS, SU VIDA OCULTA

Jesús mío, que estáis tan cerca de mí, inspiradme lo que es necesario que yo piense de vuestra vida oculta...

"El descendió con ellos y fue a Nazaret y les estaba sujeto"... El descendió, se hundió, se humilló... Esto es, fue una vida de *humildad:* Dios, Vos aparecéis como un Hombre; Hombre, Vos os habéis hecho el último de los hombres; esto fue, una vida de *abyección*, hasta el último de los puestos; Vos descedísteis *con ellos* para vivir su vida; la vida de los pobres obreros, viviendo de su trabajo; vuestra vida fue como la suya, *pobreza y trabajo;* ellos vivían oscuramente, Vos vivísteis en la penumbra de su oscuridad. Fuísteis a *Nazaret*, pequeña ciudad perdida, oculta en la montaña, de donde "nada de bueno salía", según se decía; esto era el retiro, el alejamiento del mundo y de las capitales. Vos vivisteis en este *retiro*...

Vos estabais sometido, sometido como un hijo lo está a su padre y a su madre; esto era una vida de *sumisión*, de sumisión filial: obedecíais en todo lo que obedece un buen hijo. Si un deseo de vuestros padres no estaba de acuerdo con la vocación divina que Vos teníais, no le cumplíais. Vos obedecíais "a Dios antes que a los hombres", como cuando os quedasteis tres días en Jerusalén; pero, salvo el caso en que la vocación que teníais pedía que nos os prestaseis a sus deseos, os entregabais en todo, siendo el mejor de los hijos, y, por consiguiente, no solamente obediente a sus menores deseos, sino previéndolos, haciendo todo lo que pudiera causarle un placer, consolándolos, haciéndoles la vida dulce y agradable, procurando con todo el corazón hacerles dichosos, siendo el hijo modelo y teniendo todas las atenciones posibles para con vuestros padres, en la medida, bien entendido, que permitía vuestra vocación... Pero ésta era la de ser perfecto, y Vos no podíais dejar de serlo, ¡oh Hijo eterno, oh Hijo de Dios! También durante esos treinta años fuísteis el Hijo más tierno, previsor, sumiso, amable y consolador, causando el mayor placer posible a vuestros padres, ayudándoles, sosteniéndoles, animándoles en su trabajo cotidiano, tomando para Vos la mayor parte posible para permitirles descansar, no contradiciéndoles jamás, a menos que una necesidad para la mayor gloria de Dios lo exigiera, y entonces, ¡con qué dulzura, bondad y ternura lo hacíais, que volvía la contradicción más dulce que una aquiescencia y la hacía ser como un rocío celestial, teniendo todas las atenciones, gracias, delicadezas, previsiones, las amabilidades que hacen la vida tan dulce cuando están hechas por una hermosa alma! ... No omitiendo nada de lo que pudiera consolar a vuestros padres y hacer de su casita lo que ella era: un Cielo...

He aquí lo que fue vuestra vida en Nazaret, aquí, puesto que yo tengo la infinita dicha, la gracia incomparable de vivir en este Nazaret querido! ¡Gracias, gracias!

Vuestra vida era la de un hijo modelo, viviendo entre un padre y una madre pobres obreros. Esto era la mitad de vuestra vida, la que mira a la tierra, aun esparciendo sobre la tierra un perfume celeste... Esto era la parte visible. La parte invisible era la vida en Dios, la contemplación en todos los instantes. Vos trabajabais, consolabais a vuestros padres, os entreteníais ternísimamente y santamente con ellos, orabais con ellos durante el día..., pero ¡cómo oraríais también en la soledad, en las tinieblas de la noche; cómo vuestra alma se exhalaba en silencio! ... Siempre, siempre oraríais, oraríais en todos los instantes, pues orar es estar con Dios, y Vos sois Dios; pero cómo vuestra alma humana prolongaba esta contemplación durante las noches, cómo durante todos los instantes del día, ¡ella se unía a vuestra divinidad! ... ¡Cómo vuestra vida sería un derramamiento continuo en Dios, una mirada continua hacia Dios; contemplación constante de El en todos vuestros instantes!... ¿Y qué era esta oración que constituía la mitad de vuestra vida en Nazaret? Era, primero y sobre todo, la *adoración*, es decir, la *contemplación*, la *adoración muda*, que es la más elocuente de las alabanzas *Tibi silentium laudis* esta nueva admiración, que encierra la más apasionada de las declaraciones de amor, como el amor de admiración es el más ardiente de los amores... Después, en segundo lugar y empleando menos tiempo, *la acción de gracias*, primeramente por la gloria de Dios, de éste que es Dios de todas las gracias concedidas a la tierra y a todas las criaturas; el grito de *perdón* por todos los pecados cometidos contra Dios, perdón por los que no lo piden; acto de contrición por el mundo entero, dolor de ver a Dios ofendido; la *petición*, petición de la gloria de Dios, que Dios sea glorificado por todas las criaturas, que su Reino llegue a ellas, que su Voluntad se haga en ellas, como entre los ángeles, y que estas pobres criaturas reciban, en lo espiritual y en lo temporal, todo lo que ellas tengan necesidad y sean al fin libradas de todo mal en este mundo y en el otro... Y que las gracias se derramen en particular, en abundancia, sobre aquellos que la Voluntad divina ha puesto cerca de Jesús, alrededor de El: su madre, su padre, sus primos, amigos: las almas que le aman, aquellos que se ligan a El...

JESUS, SU VIDA PUBLICA

Mi Señor Jesús, ¡cuán suave será pensar todavía todo este día en Vos! ... Todas mis jornadas deben estar ocupadas, trabajando, orando siempre, salvo cuando duermo; yo oro y debo pensar en Vos, miraros, puesto que estáis ahí; yo lo hago bien mal, pero deseo de tal manera hacerlo mejor, que espero llegar por medio de vuestra gracia a ello; ¡concedédmela! Pero hoy es necesario no solamente hacer esto, sino que es también necesario hacer otra cosa: no solamente el miraros, sino que no hacer otra cosa que miraros. ¡Qué dicha, qué bueno sois, que me la dais! ¡Cuán feliz soy!

Dios mío, heme aquí a vuestros pies en mi celda; es de noche, todo calla, todo duerme. Yo soy el único, puede ser en este momento, que en Nazaret esté a vuestros pies... ¿Qué he hecho para merecer esta gracia? ¡Gracias, gracias! ¡Cuán dichoso soy! Yo os adoro profundamente, Dios mío; os adoro con toda mi alma y os amo con todas las fuerzas de mi corazón. Me entrego a Vos, a Vos sólo; todo mi ser es para Vos, es vuestro solamente, a pesar mío, y lo es voluntariamente con todo mi corazón: haced de mí lo que os plazca, ayudadme a hacer este retiro como os plazca. "Sed perfecto, como vuestro Padre celestial es perfecto", me respondéis; bien, Dios mío, ayudadme a hacerlo lo más perfectamente posible en Vos, por Vos y para Vos. Amén.

¿Vuestra vida pública, mi Señor Jesús, qué fue? "Trato de salvar los hombres por la palabra y por las obras de misericordia, en lugar de contentarme con salvarlas por medio de la oración y la penitencia, como lo hacía en Nazaret... Mi celo por las almas aparece al exterior..."

"Sin embargo, mi vida, todo, aun resultando aún muy externa, guarda una parte de vida solitaria (a menudo me retiro durante una noche, algunos días enteros en la soledad para orar), y resulta una vida de oración, de penitencia, de recogimiento interior. Y, fuera de este tiempo, consagrado a la evangelización..., una vida de soledad...

Esta vida fue una vida de fatiga: aquellas caminatas continuas, los largos sermones, los retiros en el desierto, sin abrigo, no eran sin grandes fatigas...; sin *sufrimiento material;* la intemperie de las estaciones, las noches sin abrigo, la alimentación tomada irregularmente, según el tiempo que lo permitían los trabajos, llevan consigo sufrimientos: *sufrimientos morales:* la ingratitud de los hombres, sus oídos cerrándose a mi voz, su mala voluntad, endurecimiento, todas las miserias humanas del cuerpo y de las almas que diariamente experimentamos; el pequeño número de los salvados, el de los innumerables dañados, los dolores humanos, los sufrimientos de los justos, los de mi Madre, la visión creciente y próxima de mi Pasión, las persecuciones, las enemistades, respondiendo a mis palabras de salvación, a mi amor ofrecido a todos, la ingratitud, sobre todo de "esta raza infiel y perversa", todo esto hacía gemir a mi Corazón tierno y compasivo...; de *persecución:* Yo estaba perseguido por todas partes y por todos; en Jerusalén y en Nazaret se me quería lapidar y despeñarme... Por todas partes, en las ciudades y pueblos, fariseos, escribas, caduceos, herodianos, buscaban perderme. Me tendían trampas, me insultaban en secreto y en público, me llamaban poseso, demonio, seductor, impostor, denunciándome a los sacerdotes... Los gentiles me despreciaban lo mismo que a los israelitas... En todos los lugares, mi vida estaba amenazada, sea por Herodes, sea por los fariseos. Yo estaba obligado a huir de lugar en lugar... Varias veces han querido poner su mano sobre Mí y Yo me salvaba de milagro... Esta fue la época del *valor*, contra los hombres, reprendiéndoles abiertamente sus faltas, y aun castigándoles, desenmascarando en público a los hipócritas, proclamando la doctrina divina frente a sus ardientes y poderosos contradictores, gritando la verdad al rostro de una muchedumbre amotinada, que la rechazaba; haciendo en medio del Templo y de las sinagogas las mismas obras por las cuales se me acusaba y me condenaban. ¡Con qué valor hablaba, en el Templo de Jerusalén, a todo ese pueblo que tenía continuamente una piedra en la mano para lapidarme, y en las sinagogas de Galilea, donde los fariseos rechinaban los dientes contra mí y urdían mil conspiraciones para perderme! ...

Amor de la verdad, Yo lo he tenido siempre; Yo, que soy la misma Verdad. ¡Pero de qué forma la he hecho presente, extendiéndola con tanto celo, en medio de tantos peligros y penas! ¡Cómo he hecho ver su valor! ... *Humildad:* Yo he sido humilde, haciéndome bautizar por Juan..., humilde, prohibiendo a menudo a mis Apóstoles decir que Yo era el HIjo de Dios; humilde, ocultando mis beneficios, mis milagros; diciendo frecuentemente a aquellos a quienes curaba que no dijesen nada a nadie; humilde, huyendo de ciudad en ciudad durante la persecución. Yo, el omnipotente, que con una palabra podía (y con razón) anonadar a mis enemigos".

JESUS, SU PASION

¡Vuestra Pasión, Dios mío; he aquí lo que Vos queréis que medite: hacedme pensar Vos mismo, ya que siempre me encuentro impotente ante tales visiones!

Ya Pasión... ¡Qué recuerdos! Las bofetadas y los golpes de los criados de los pontífices: "Profetiza: ¿quién te ha dado?" El silencio delante de Herodes y de Pilatos... La flagelación, la coronación de espinas. El *vía crucis*... La crucifixión... La Cruz... "Padre mío, en tus manos entrego mi espíritu". ¡Qué visiones, Dios mío, qué cuadros! *¡Qué lágrimas, yo que os amo!* *¡Qué remordimientos,* si pienso que esto es por expiar dignamente mis pecados por lo que habéis sufrido así! *¡Qué emoción,* si pienso que si habéis pasado por mí esos tormentos es porque lo habéis querido, que es para probarme vuestro amor, para declarármelo a través de los siglos! ¡Qué remordimiento por amaros tan poco! ¡Qué remordimientos por *hacer tan poca penitencia de los pecados*, por los cuales Vos habéis hecho una tan grande! *¡Qué deseo de amaros, en fin, a mi vez* y de probaros mi amor por todos los medios posibles! ... ¿Cuáles son estos medios, Dios mío; cómo amaros, cómo deciros que os amo? ... "El que me ama es aquel que guarda mis mandamientos. No hay mayor amor que aquel que da su vida por el que ama". Cumplir vuestros mandamientos, *Mandata*, es decir, cumplir no solamente las órdenes, sino los consejos, adaptarse a los pequeños avisos, a los más pequeños ejemplos. Entre vuestros consejos, uno de los primeros es el de imitaros. "Sígueme... Aquel que me siga no anda entre tinieblas... Yo os he dado el ejemplo para que como Yo lo he hecho, vosotros lo hagáis también... El perfecto servidor debe ser como su Maestro". *Seguir lo más exactamente posible todas vuestras enseñanzas* *y vuestros ejemplos mientras que vivimos y morir por vuestro Nombre*, he aquí el medio de amaros y probaros que os amamos; sois Vos mismo quien nos lo ha dicho en el Evangelio, Dios mío... El amor pide aún más, y el Evangelio me lo dice también, no por palabras, pero sí por el ejemplo de la Santísima Virgen y de Santa Magdalena al pie de la Cruz: *Stabat Mater. La compasión*, llorar vuestros dolores... En verdad, es una gracia: yo no puedo por mí mismo, a la vista del espectáculo de vuestra Cruz, sacar gemidos de este corazón de piedra, ¡ay! , espantosamente endurecido... Pero debo pediros esta compasión, y porque ella os es debida, debo pedírosla para dárosla. Debo pediros todo, *yo debo darme...*

Dios mío, puesto que en los abismos de vuestra misericordia, en los tesoros de vuestras misteriosas e infinitas bondades, me habéis hecho esta gracia, bajo el cielo y sobre esta tierra que habéis pisado y que habéis, ¡ay! , regado con vuestras lágrimas, sudores y vuestra sangre, no me dejéis recorrer sin lágrimas estos lugares, testigos de vuestros dolores; no me dejéis besar sin lágrimas las huellas de vuestros pasos en Getsemaní, sobre la vía dolorosa, en el pretorio, en el Calvario; dadme un corazón de carne, en lugar de mi corazón de piedra, y, puesto que me hacéis esta gracia inaudita, me permito besar esta tierra tan santa, hacédmela besar con el alma y el corazón, con las lágrimas que Vos queréis que tenga, que es mi deber tener. ¡Oh, Señor mío, mi Rey, mi Maestro, mi Esposo, mi Hermano, mi Bienamado, mi Salvador, mi Dios! ...

Resolución.—Pedir, desear, y si es agradable a Dios, pedir el martirio, para amar a Jesús con un gran amor... Celo de las almas, ardiente amor por la salvación de las almas, que todas han sido rescatadas a un tal precio. No despreciar a nadie, *pero sí desear el mayor bien a todos los hombres,* puesto que todos están cubiertos como por un manto por la sangre de Jesús... *Hacer lo posible por la salvación de todas las almas,* según mi estado, pues todas han costado tan caro a Jesús y han sido y son tan amadas por El. Ser perfecto, ser santo, yo, por quien Jesús ha tenido tal estima que ha dado por mí toda su sangre. *Tener grandes deseos de perfección, creer en la posibilidad de todo,* por la gloria de de Dios, cuando mi confesor me prescribe hacer una cosa. ¿Cómo Dios me negará una gracia después de haber dado por mí toda su sangre? *Horror infinito del pecado y de la imperfección que ha conducido al mismo,* pues esto ha costado tan caro a Jesús... *Dolor de los pecados de los otros y de haber ofendido a Dios,* pues el pecado le causa un tal horror que ha querido expiarlos por medio de tales tormentos... *Confianza absoluta en el amor de Dios, fe inquebrantable en este amor,* que El nos ha probado, queriendo sufrir por nosotros tales dolores... Humildad, viendo todo lo que El hace por mí y lo poco que yo he hecho por El.

Deseo de sufrimientos, para devolverle amor por amor, para imitarle, y no estar coronado de rosas cuando El lo está de espinas; para expiar mis pecados, que El ha expiado tan dolorosamente, para compartir su obra, ofrecerme a El todo, la nada que yo soy, en sacrificio, en víctima, por la santificación de los hombres...

JESUS, SU RESURRECCION, SU ASCENSION

¡Vos resucitáis y subís a los cielos! ¡Estáis, pues, en vuestra gloria! No sufrís más, no sufriréis ya nunca más, sois dichoso y lo seréis eternamente... ¡Dios mío, qué dichoso soy, pues os amo! Es por vuestro bien por lo que yo debo cuidarme antes que nada. ¡Cómo no alegrarme, cuán satisfecho debo estar! ... ¡Dios mío, sois bienaventurado por la eternidad, nada os falta, sois infinitamente y eternamente feliz! También yo soy feliz, Dios mío, pues es a Vos a quien yo amo ante todo.

Puedo deciros que no me falta nada... Que estoy en el cielo, que, pase lo que pase y lo que me suceda a mí, yo soy dichoso, a causa de vuestra bienaventuranza.

Resolución.—Cuando estamos tristes, desanimados de nosotros mismos, de los demás, de las cosas, pensemos que Jesús está glorioso, sentado a la diestra del Padre, bienaventurado para siempre, y que si le amamos como debemos, el gozo del Ser infinito debe estar infinitamente por encima de nuestras almas, sobre las tristezas provenientes de estar agotados y, por consiguiente, delante de la visión de alegría de Dios, nuestra alma debe estar jubilosa y las penas que la ahogan desaparecer como las nubes delante del sol; nuestro Dios es bienaventurado. ¡Alegrémonos sin fin, pues todos los males de las criaturas son un átomo al lado del gozo del Creador! Habrá siempre tristezas en nuestra vida, debe haberlas, a causa del amor que llevamos y debemos llevar en nosotros mismos a todos los hombres; a causa también del recuerdo de los dolores de Jesús y del amor que sentimos por El; a causa del deseo que tenemos que tener de la justicia, es decir, de la gloria de Dios y de la pena que debemos experimentar viendo la injusticia y a Dios insultado... Pero estos dolores, por justos que ellos sean, no deben durar en nuestra alma, no deben ser más que pasajeros; lo que debe durar es *nuestro estado ordinario; es a lo que debemos retornar sin cesar; ésta es la alegría de la gloria de Dios, la alegría de ver que ahora Jesús no sufre más y no sufrirá más, sino que El es dichoso para siempre a la diestra de Dios.*

JESUS EN LA SANTA EUCARISTIA

¡Mi Señor Jesús, Vos estáis en la Santa Eucaristía! ¡Vos estáis ahí, a un metro de mí, en ese Tabernáculo! ¡Vuestro Cuerpo, vuestra Alma, vuestra Humanidad, vuestra Divinidad, vuestro Ser enteramente está ahí, en su doble Naturaleza! ¡Qué cerca, Dios mío, mi Salvador, Jesús mío, mi Hermano, mi Esposo, mi Bienamado! ... ¡Vos no estabais más cerca de la Santa Virgen durante los nueve meses que ella os llevó en su seno que lo estáis de mí cuando os depositáis sobre mi lengua en la Comunión! ¡Vos no estabais más cerca de la Santa Virgen y de San José en la gruta de Belén, en la casa de Nazaret, en la huída a Egipto, durante todos los instantes de aquella divina vida de familia, que lo estáis de mí en este momento y tan frecuentemente en este Tabernáculo! ¡Santa Magdalena no estaba más próxima a vuestros pies en Betania que lo estoy yo al pie de este altar! ¡Vos no estabais más cerca de los Apóstoles cuando estabais sentado en medio de ellos que lo estáis de mi alma, Dios mío! ... ¡Qué dichoso soy! Estar solo en mi celda y conversar con Vos en el silencio de la noche es agradable, Señor mío, y Vos estáis ahí como Dios, así como por medio de vuestra gracia; sin embargo, quedarme en mi celda cuando podría estar delante del Santo Sacramento, es hacer como si Santa Magdalena, cuando estabais en Betania, os dejase solo..., para ir a pensar en Vos, sola en su habitación... Besar los lugares que habéis santificado en vuestra vida mortal, las piedras de Getsemaní y del Calvario, el suelo de la Vía Dolorosa, las olas del mar de Galilea, es dulce y piadoso, Dios mío; pero preferir esto a vuestro Tabernáculo es separarme de Jesús vivo a mi lado, dejarle solo e irme solitario a venerar piedras muertas donde El no está; es dejar la habitación donde El está y su divina compañía, para ir a besar el suelo de una habitación donde El estuvo, pero en donde ahora no está... Dejar el Tabernáculo para ir a venerar las estatuas, es dejar a Jesús vivo cerca de mí e ir a otra habitación para saludar a su retrato...

Cuando se ama, ¿no encontramos perfectamente empleado todo el tiempo pasado al lado del amado? ¿No es éste el tiempo mejor empleado, salvo aquel donde la voluntad, el bien, del ser amado nos llama por otra parte?

"Allí donde está la Santa Hostia está Dios vivo; es tu Salvador, tan real como cuando El vivía y hablaba en Galilea y en Judea, y como está ahora en el cielo... No pierdas jamás una Comunión por tu culpa: una Comunión es más que la vida, más que todos los bienes del mundo, más que el universo entero; es Dios mismo, soy Yo, Jesús. ¿Puedes preferir cualquier otra cosa? ¿Puedes, si me amas aunque sea poco, perder voluntariamente la gracia que Yo te hago de entrar en ti? ¡Amame con toda la profundidad y toda la sencillez de tu corazón! ..."

JESUS, SU VIDA EN LA IGLESIA Y EN EL ALMA FIEL

Mi Señor Jesús: Vos estáis "con nosotros hasta la consumación de los siglos", no solamente en la Santa Eucaristía, sino también por medio de vuestra gracia... Vuestra gracia existe y vive en la Iglesia al igual que en toda alma fiel... La Iglesia es vuestra Esposa, el alma fiel lo es asimismo... ¿Cuál es la acción de vuestra gracia en ella? ... Hacerla semejante a Vos... Vuestra gracia obra sin cesar en la Iglesia para hacerla más perfecta: más perfecta por el número creciente de sus santos; los nuevos se añaden incesantemente a los antiguos, y esta corona de santos se completa cada día con nuevos diamantes; más perfecta, por la explicación cada vez mayor de sus dogmas, por la organización más completa de su liturgia, su disciplina; por las nuevas cruces que Vos la cargáis cada día y las victorias que diariamente obtiene contra el príncipe de este mundo; por las persecuciones que soporta a través de los siglos y que la vuelven, por los sufrimientos, cada vez más parecida a su Esposo; más perfecta, por el peso de los méritos de sus miembros, añadiéndose a los de la víspera; ésa es una suma creciente de santidad incesante, una nueva suma de glorificación de Dios, añadiéndose a la antigua, que está viva delante del Señor; más perfecta, por la multitud de Sacrificios, Tabernáculos, Comuniones, donde Jesús está cada día ofrecido por la tierra a Dios, uniendo las nuevas ofrendas a las antiguas; porque la gracia acumulada a la de ayer no puede dejar de hacer subir a esta Esposa de escalón en escalón hasta más cerca de su Esposo; Jesús es el alma de la Iglesia; El la da todo lo que el alma da al cuerpo: *la vida*. La vida inmortal, volviéndola inconmovible; *la luz*, haciéndola infalible en la declaración de la verdad; *obra por ella misma*, y continúa por su mediación la obra comenzada en su cuerpo mientras El vivía entre los hombres; la glorificación de Dios para la santificade los hombres... Esta obra es el fin de la Iglesia, como ella fue la de Cristo: Jesús la cumple en ella a través de los siglos...

Señor mío: Vos habitáis en el alma fiel: "Vendremos a ella y haremos nuestra morada"; Vos convertido como en el alma de esta alma; vuestra gracia la sostiene totalmente, ilumina su inteligencia, dirige su voluntad; no es ella la que obra, sois Vos, que obráis en ella... Vos le dais la vida, la vida de gracia, semilla de la vida de gloria, con una abundancia creciente; Vos le dais la verdad; Vos la establecéis, le dais el gusto, le abrís los ojos, le hacéis ver las cosas bajo la mirada de la fe; Vos la ponéis así en la luz divina, bien alta, por encima de las tinieblas del mundo; continuáis en ella vuestra obra... El fin de cada hombre, como el fin de la Iglesia, como vuestro propio fin, mi Señor Jesús, es la glorificación de Dios, es decir, la manifestación exterior de su gloria y la santificación de los hombres... Vos nos amáis; cuanto más perfectos seamos nosotros, más seréis Vos consolado; debemos desear consolaros lo más posible puesto que Vos ordenáis que os amemos con todas nuestras fuerzas; debemos desear ser lo más perfectos posible... Convertid, pues, nuestros pensamientos, palabras y acciones conformes con los vuestros, conformes a lo que Vos haríais; vivid en nosotros, reinad en nosotros, que no seamos nosotros los que vivimos, sino que seáis Vos. Dios mío, el que viváis en nosotros y que, sirviéndoos de nuestro cuerpo y alma, que os hemos entregado sin reservas, continuéis por medio de ellos vuestra vida y obra en este mundo, la glorificación de Dios y la salvación de los hombres en medida en que lo habéis decretado Vos mismo en vuestros designios eternos, en Vos, por Vos y para Vos. Amén. Amén. Amén.

YO, MI VIDA PASADA.—MISERICORDIA DE DIOS (1)

Mi Señor Jesús: dadme ideas, dadme palabras. Si en las meditaciones precedentes me sentía impotente,

---

(1) Esta meditación, como creemos, es en este volumen el solo fragmento no inédito; ha sido publicada en la biografía de Carlos de Foucauld. Hemos creído un deber reproducirla aquí, porque forma parte integrante de este retiro de Nazaret.

¡cuánto más en ésta! No es la materia lo que falta... Al contrario, ¡ella me aplasta! ¡Cuántas misericordias, Dios mío! Misericordias de ayer, de hoy, de todos los instantes de mi vida, desde antes de mi nacimiento y antes de todos los tiempos. Estoy ahogado, inundado por ellas, me cubren y envuelven por todas partes... ¡Ay, Dios mío! Tenemos todos que cantar vuestras misericordias, nosotros, creados para la gloria eterna, y rescatados por la sangre de Jesús, por vuestra sangre, mi Señor Jesús, que estáis a mi lado en este Tabernáculo; pero si todos debemos hacerlo, ¡cuánto más yo! Yo, que he estado desde mi infancia rodeado de tantas gracias, hijo de una santa madre; habiendo aprendido de ella a conoceros, a amaros y a rezaros tan pronto como pude hablar. Mi primer recuerdo ¿no es la oración que ella me hacía recitar mañana y noche? : "Dios mío, bendecid a papá, a mamá, al abuelo y a la abuela, a la abuela Foucauld y a mi hermanita". ¡Y la piadosa educación! ... Visitas a las iglesias, ramos de flores al pie de las cruces, el pesebre en Navidad, el mes de María, un pequeño altar en mi habitación, guardado todo el tiempo que lo tuve en mi casa y que ha sobrevivido a mi fe; los catecismos, las primeras confesiones, vigiladas por un abuelo cristiano... Estos ejemplos de piedad recibidos en el seno de mi familia... Me veo yendo a la iglesia con mi padre (¡qué lejos está todo eso!), con mi abuelo; veo a mi abuela, a mis primas, yendo a misa todos los días... Y la primera Comunión, después de una larga y buena preparación, rodeado de gracias y ánimos de toda una familia cristiana, bajo los ojos de los seres que yo quería más en el mundo, a fin de que todos estuvieran reunidos en un día para hacerme gustar todas las dulzuras... Y después, estos catecismos de perseverancia, bajo la dirección de un sacerdote bueno, piadoso, inteligente y celoso; mi abuelo me animaba siempre con la palabra y el ejemplo en la vida de piedad; las almas, las más piadosas y bellas de mi familia, me colman de bondades, y Vos, Dios mío, enraizando en mi corazón este apego a ellas, tan profundamente, que las tempestades siguientes no le pueden arrancar, y de lo cual os habéis servido más tarde para salvarme, cuando yo estaba como muerto y ahogado en el mar... Y después, cuando, a pesar de tantas gracias, comenzaba a separarme de Vos, ¡con qué suavidad me llamabais por medio de mi abuelo, con qué misericordia evitabais mi caída en los últimos excesos, conservando en mi corazón mi ternura por él! Pero, a pesar de todo esto, ¡ay!, yo me alejaba, me alejaba cada vez más de Vos, Señor mío y mi vida...; también mi vida comenzaba a ser una muerte, o, mejor dicho, era ya una muerte a vuestros ojos... Y en este estado me conservabais aún; conservabais en mi alma los recuerdos del pasado, la estima del bien, el afecto a ciertas hermosas y piadosas almas, durmiendo como el rescoldo del fuego, el respeto de la religión católica y de los religiosos; la fe había desaparecido, pero el respeto y el aprecio habían quedado intactos... ¡Dios mío, aún me concedíais otras gracias, me conservabais el gusto por el estudio, lecturas serias, cosas bellas, la repugnancia del vicio y de la fealdad... Hacía el mal, pero yo no lo aprobaba ni lo amaba!... Me hacíais sentir un vacío doloroso, una tristeza que no he experimentado más que entonces...; ésta volvía todas las noches cuando me encontraba en mi alojamiento... Me tenía mudo y abrumado durante lo que se llaman fiestas; las organizaba, pero cuando llegaba el momento las pasaba en un mutismo, una repugnancia y un fastidio inaudito... Vos me dabais esa vaga inquietud de una conciencia mala, que por dormida que estuviera, no había muerto del todo. Nunca he sentido esa tristeza, ese malestar, esta inquietud, como entonces, Dios mío, esto era, pues, un don vuestro... ¡Cuán lejos estaba de sospecharla! ... ¡Qué bueno sois! ... Y al mismo tiempo que impedíais a mi alma, por medio de esta invención de vuestro amor de ahogarme irremediablemente. Vos guardabais mi cuerpo: pues si yo hubiera muerto entonces hubiera ido al infierno... Los accidentes de caballo, milagrosamente evitados y fracasados. Aquellos duelos que habéis impedido tuvieran lugar. Aquellos peligros en expediciones, de todos los cuales me habéis apartado. Aquellos peligros en viaje, tan grandes y repetidos, de los cuales me habéis hecho salir como por milagro. Esta salud inalterable en los lugares más malsanos, a pesar de tan grandes fatigas... ¡Oh, Dios mío, cómo habéis cuidado de mí y qué poco lo sentía! ¡Qué bueno sois! ¡Cómo me habéis guardado! ¡Cómo me guardabais bajo vuestras alas cuando no creía aún en vuestra existencia! Y mientras que me guardabais así, el tiempo pasaba, juzgabais que el momento se acercaba de hacerme entrar de nuevo en el redil... Desligasteis, a pesar mío, todas las malas ligaduras que me habían tenido alejado de Vos... Desligasteis todos los buenos lazos que me hubiesen impedido volver al seno de esta familia, donde Vos queréis hacerme encontrar la salvación y que me hubieran impedido un día darme enteramente a Vos... Al mismo tiempo, me disteis una vida de estudios serios, una vida oscura, una existencia solitaria y pobre... Mi corazón y mi espíritu quedaban lejos de Vos, pero vivían, sin embargo, en una atmósfera menos viciada; esto no era la luz ni el bien, es verdad... Pero no era el fango tan profundo ni un mal tan odioso... La plaza se desescombraba poco a poco; el agua de la tierra la cubría aún, pero descendía cada vez más y la lluvia no caía más... Habíais derribado los obstáculos, suavizado el alma, preparado la tierra, quemando las espinas y zarzas... Por la fuerza de las cosas me obligasteis a ser casto, y pronto, encontrándome al fin del invierno de 1886 vuelto al seno de mi familia, en París; la castidad se convirtió en una dulzura y una necesidad del corazón. ¡Sois Vos quien hicisteis esto, Dios mío; Vos solo; yo no era nada ¡ay! ¡Qué bueno habéis sido! ¡De cuántas tristes y culpables recaídas me habéis misericordiamente preservado! Vuestra sola mano ha sido en esto el principio, el medio y el fin. ¡Qué bueno sois! Esto era necesario para preparar mi alma para la verdad... Vos no podíais entrar, Dios mío, en un alma en donde el demonio de las pasiones inmundas reinase como dueño... Vos queríais entrar en la mía, ¡oh buen Pastor! , y Vós mismo habéis expulsado a vuestro enemigo, y después de haberlo echado por la puerta a pesar de mí, viendo mi fragilidad y cómo yo solo era incapaz de guardar mi alma pura, establecisteis para guardarla un buen guardián, tan fuerte y suave, que no sólo no dejaba la menor entrada al demonio de la impureza, sino que me hacía sentir una necesidad, una dulzura de las delicias de la castidad... ¡Dios mío, cómo cantaré yo vuestras misericordias! ... Y después de haber vaciado mi alma de estas inmundicias habéis pensado entrar, Dios mío, pues, después de haber recibido tantas gracias, ella no os conocía todavía. Vos obrabais continuamente en y sobre ella, la transformabais con una soberana potencia y una rapidez asombrosa, y ella os ignoraba completamente... Entonces, le inspirasteis el gusto por la virtud, por la virtud pagana; me dejasteis buscar en los libros de los filósofos paganos, y en ellos no encontraba más que el vacío, el asco... Entonces hicisteis caer mis ojos sobre algunas páginas de un libro cristiano, y me hicisteis sentir calor y belleza... (2). Me hicisteis entrever que podría encontrar, si no la verdad (yo no creía que los hombres puedan conocerla), al menos enseñanzas de virtud, y me inspirasteis el buscar lecciones de una virtud completamente pagana, en los libros cristianos... Me hicisteis familiarizar así con los misterios de la religión... Al mismo tiempo, estrechabais más y más los lazos que me unían a bellas almas; me habéis hecho volver a esta familia, objeto del afecto apasionado de mi juventud, de mi infancia... Me hacíais encontrar por medio de estas mismas almas la admiración de otras veces, y a ellas las inspirabais el recibirme como al hijo pródigo, a quien daban la sensación de no haber nunca abandonado el techo paterno, les hacíais sentir por mí la misma bondad, como si nunca hubiera errado... Yo me estrechaba cada vez más a esta bienamada familia. Vivía en una atmósfera tal de virtud, que mi vida cambiaba a simple vista; esto era la primavera, volviendo la vida a la tierra después del invierno:... Es por medio de este suave sol por lo que creció en mí este deseo del bien, el asco del mal, la imposibilidad de recaer en ciertas faltas, la busca de la virtud... Vos habíais expulsado el mal de mi corazón; mi ángel bueno había recuperado su puesto y la habíais añadido, además, un ángel terrestre... Al comienzo de octubre de 1886, después de seis meses de vida familiar, admiraba, quería la virtud, pero no os conocía... ¿Por qué medios, Dios de bondad, me habéis hecho conoceros? ¿De cuántos rodeos os habéis servido? ¿Por qué suaves y fuertes medios exteriores? ¿Por qué serie de circunstancias asombrosas en que todas se han reunido para elevarme hasta Vos? Soledad inesperada, emocio-

---

(2) Creemos que se trataba de las *Elevaciones sobre los misterios*, de Bossuet.

nes, enfermedades de seres queridos, ardientes sentimientos del corazón, regreso a París como consecuencia de un suceso sorprendente... ¡Y qué gracias interiores! Esta necesidad de soledad, de recogimiento, de piadosas lecturas, la necesidad de ir a vuestras iglesias, yo, que no creía en Vos, esta duda del alma, esta angustia, esta busca de la verdad, esta oración: "Dios mío, si existís, hacédmelo conocer!" Todo esto era vuestra obra, Dios mío, vuestra obra solamente... Una hermosa alma os secundaba, pero por medio de su silencio, dulzura, bondad y perfección; ella se dejaba ver, era buena y esparcía su perfume atrayente, pero no obraba. Vos, Jesús mío, mi Salvador, lo hacíais todo, tanto dentro como fuera. Vos me habíais atraído a la virtud por la belleza de un alma, en la que la virtud me había parecido tan bella, que irrevocablemente había arrebatado mi corazón... Vos me atrajisteis a la verdad, por la belleza de esa misma alma. Me hicisteis entonces cuatro gracias: la primera fue inspirarme este pensamiento: puesto que esta alma es tan inteligente, la religión en que ella cree firmísimamente no debe ser una locura, como yo pienso. La segunda fue la de inspirarme este otro pensamiento: puesto que la religión no es una locura, ¿puede la verdad, que no existe en ninguna parte de la tierra ni dentro de ningún sistema filosófico, existir en ella? La tercera fue decirme: estudiemos, pues, esta religión; tomemos un profesor de religión católica, un sacerdote instruido, y veamos lo que ella es y si es conveniente creer lo que ella dice. La cuarta fue la gracia incomparable de dirigirme para recibir estas lecciones de religión al Padre Huvelin (3).

---

(3) El P. Huvelin, antiguo alumno de la Escuela Normal Superior, convertido en sacerdote, y que ha dejado en París el recuerdo de un alma santísima.

Haciéndome entrar en su confesonario, uno de los últimos días del mes de octubre, entre el 27 y el 30 creo, Vos me habéis dado todos los bienes, Dios mío; si hay alegría en el cielo a la vista de un pecador convirtiéndose, ¡la ha habido ciertamente cuando yo entré en ese confesonario! ¡Qué bendito día, qué día de bendición! Y después de este día mi vida no ha sido más que una cadena de bendiciones. Me habéis puesto bajo las alas de ese santo. Me habéis guiado por medio de sus manos, y esto no ha sido más que gracia sobre gracia. Yo pedí lecciones de religión; él me hizo arrodillarme y confesarme y me envió a comulgar acto seguido... No puedo dejar de llorar pensando en ello, y no quiero impedir ahora el rodar de mis lágrimas. ¡Son tan justas, Dios mío! ¡Qué arroyos de lágrimas deberían correr de mis ojos en recuerdo de tales misericordias! ¡Qué bueno sois! ¡Qué feliz soy! ¿Qué he hecho para esto? Y después, esto no ha sido más que una cadena de gracias ininterrumpidas... Una marea subiendo, creciendo siempre: la dirección espiritual, ¡y qué dirección! , la oración, la santa lectura, la asistencia cotidiana a la misa, hecha desde el primer día de mi nueva vida; la frecuente Comunión, la frecuente Confesión al cabo de algunas semanas; la dirección, convirtiéndose cada vez más íntima, frecuente, envolviendo toda mi vida y haciéndome vivir una vida de obediencia en las más pequeñas cosas, y obediencia ¡a qué maestro! La Comunión convirtiéndose en casi cotidiana, el deseo naciente de la vida religiosa afirmándose... Los acontecimientos exteriores independientes de mi voluntad, forzándome a desasirme de las cosas materiales que tenían para mí muchos encantos y que habrían retenido mi alma, la habrían atado a la tierra. Vos habéis roto violentamente estos lazos como tantos otros. ¡Qué bueno sois, Dios mío, por haberlos roto! ¡Qué bueno sois, Dios mío, por haber roto todo alrededor de mí, por haber anulado lo que me hubiera estorbado dedicarme a Vos solo! ... Este sentimiento cada vez más profundo de lo que es la vanidad, la falsedad de la vida mundana y de la gran distancia que existe entre el camino perfecto, evangélico y la vida que se vive en el mundo... Este eterno y creciente amor por Vos, mi Señor Jesús, este gusto de la oración, esta fe en vuestra palabra, ese sentimiento profundo del deber de la limosna, el deseo de imitaros, la frase del Padre Huvelin en un sermón: que "Vos habíais de tal manera escogido el último puesto, que nadie jamás os le había arrebatado", tan profundamente grabada en mi alma; la sed de ofreceros el mayor sacrificio que me fuera posible haceros, dejando para siempre una familia que era toda mi dicha y marchándome bien lejos de ella, ¡a vivir y a morir! ... La busca de una vida conforme a la vuestra, en la que yo pueda participar completamente de vuestra abyección, vuestra pobreza, vuestro humilde trabajo, vuestro anonadamiento, vuestra oscuridad, buscada y tan netamente dibujada en un último retiro en Clamart... El 15 de enero de 1890 este sacrificio se efectuaba y esta gran gracia me era dada por vuestra mano... ¡La Trapa! ... La Comunión cotidiana, lo que yo he aprendido durante siete años de vida religiosa..., las gracias de Nuestra Señora de las Nieves..., la Teología, la Filosofía, las lecturas, la vocación excepcional a una vida de abyección y oscuridad. Después de tres años y medio de espera, el reverendísimo Padre general declara el 23 de enero de 1897 que la voluntad de Dios es que yo siga esa atracción creciente, fuera de la Orden de la Trapa, hacia la vida de abyección, de humilde trabajo, de oscuridad profunda, de lo cual tengo la visión hace tanto tiempo. Mi salida para Tierra Santa... La peregrinación, la llegada a Nazaret...; el primer miércoles que pasé allí me hicisteis entrar, Dios mío, por la intercesión de San José, como criado en el convento de Santa Clara... Paz, gozo, consuelos, gracias, maravillosa felicidad que yo disfruto... *Misericordias Domini, in aeternum cantabo... Venite et videte, quoniam suavis est Dominus...* No sé cómo no desfallecer ante tales misericordias; suplicar a la Santa Virgen, a los santos y a todas las almas piadosas y agradecerlas por mí, pues yo sucumbo bajo las gracias... ¡Oh, Esposo mío, qué no habéis hecho por mí! ¿Qué queréis Vos de mí, para haberme abrumado así? ¡Dios mío, agradeceos Vos mismo en mí; haceos a Vos mismo en mí el agradecimiento, la fidelidad y el amor; yo sucumbo, desfallezco, Dios mío; haced que mis pensamientos, mis palabras y mis obras sean una acción de gracias en que Vos enteramente os deis gracias y seáis glorificado en mí! Amén. Amén. Amén.

MI FUTURO SOBRE LA TIERRA; MI MUERTE, EL JUICIO, EL CIELO O EL INFIERNO

Perdón y "misericordias Dómini in aeternum cantabo". He aquí mi pasado y mi presente... ¿Cuál será mi futuro? ¿Será largo o corto? ¿Consolador o doloroso? ¿Santo como yo tanto lo deseo? ¿Lleno de pecados, de los cuales yo os pido preservarme? Nadie lo sabe... Será como Vos queráis, Dios mío... Yo os suplico que no sea empleado para ofenderos: Vos no lo queréis, nos habéis ordenado a todos ser perfectos y a mí me habéis colmado de gracias incomparables, diciéndome: "A aquel que se le ha dado mucho le será pedido mucho..." Así, pues, cualquiera que sea mi futuro, largo o de un solo día, consolado o doloroso, vuestra voluntad es que sea santo... ¿Qué haré para esto? ...

"Soy Yo, Yo solo, no vengas a Betania para verme y ver también a Lázaro; ven para verme a Mí, a Mí solo... Pídeme, que es lo que Yo hacía, escudriña las Escrituras, mira también a los santos, no para seguirlos, sino para ver cómo me han seguido y tomar de cada uno de ellos lo que tú pensarías que viene de Mí, ser Mío, imitarme... Y sígueme, a Mí, a Mí solo... Mírate como si estuvieras en la casa de Nazaret... Te has dado a Mí. Yo te conduciré como sea más conveniente para mi mayor gloria, para el mayor consuelo de mi corazón, puesto que tú no deseas y no pides más que esto.

"— ¡Oh, sí! ¡Oh, sí! Señor y Dios mío, yo no deseo y quiero más que esto. Concedédmelo en Vos, por Vos y para Vos. Amén. Amén...

"—A esta vida seguirá la muerte: tú querrías la del martirio... Sabes que eres un cobarde... Pero sabes que puedes todo en quien te conforta, que Yo soy omnipotente en todas mis criaturas... Pídemelo mañana y tarde, pero poniendo la condición que ello sea mi voluntad, mi mayor bien, mi mayor consolación, la cual tú quieres y pides antes que todo... y ten confianza: Yo haré lo que me pides, lo que me glorifique más... Pedir esto es una buena cosa, "ésta es la señal del mayor amor, dar su vida por quien se ama", y es perfectamente justo que tú quieras darme la señal del más grande amor.

"Tu eternidad, tu juicio, ¿qué serán ellos? Será lo que haya sido tu vida... Si te has renunciado a ti mismo, si has llevado tu Cruz y me has seguido, si comprendiendo las gracias, las maravillosas misericordias de que te he colmado, has hecho fructificar esos talentos que Yo te he confiado; si has sido fiel a tu hermosa vocación, si has obedecido a tu director espiritual, si eres agradecido, fiel, amante, humilde y dulce, tu juicio será consolador, tu eternidad bienaventurada... Si te dejas vencer por tu cobardía, tu sensualidad, tu pereza, tu timidez, tu egoísmo, tus mentiras, por todas las malas pasiones que el diablo sabrá bien pronto despertar en ti; si dejas un instante de velar y si mi mano no te sostuviera tan paternalmente, tu juicio y tu eternidad serían tanto más terribles cuanto más has abusado de mayor número de gracias... Si el hijo pródigo se rebelase contra su padre y le ofendiera odiosamente, después de haber sido recibido por él como lo fue, ¿no sería esto abominable? Tu conducta lo sería mil y mil veces más, tú que, después de once años, recibes casi cada día mi divinidad como alimento sobre tu lengua en tu cuerpo... Así, pues, "velad y orad"... pues el espíritu está pronto, pero la carne es flaca".

YO, MI VIDA PRESENTE, EXAMEN DE VIRTUD, FE

En todo, tener siempre presente a Dios sólo; Dios es nuestro Creador, nosotros somos posesión suya; debemos dar frutos para El, como el árbol para su dueño... Dios es el ser infinitamente amado, debemos amarle desde lo más profundo de nuestra alma, y, por consiguiente, mirarle sin cesar, tenerle constantemente presente y hacer todo lo que hagamos por El, como cuando se ama se hace todo por el Ser amado... Recibimos todo de Dios: el ser, la conservación, el cuerpo, la mente; habiéndolo recibido todo de El, justo es que correspondamos en todo. "Dar al César lo que es del César y a Dios lo que es de Dios". Lo que es de Dios es todo nuestro ser, todos nuestros instantes, los latidos de nuestro corazón, pues todo procede de El y no es más que para El.

Vos no habéis podido tener fe, mi Señor Jesús, puesto que teníais la clara visión de todo... Pero nos lo habéis ordenado sin cesar por medio de vuestras palabras.

La fe es lo que nos hace creer, desde lo profundo del alma, todos los dogmas de la religión, todas las verdades que la religión nos enseña, el contenido de la Santa Escritura, y todas las enseñanzas del Evangelio; en fin, todo lo que nos es propuesto por la Iglesia... El justo vive verdaderamente de esta fe, pues ella reemplaza para él a la mayor parte de los sentidos de la naturaleza; transforma de tal manera todas las cosas, que difícilmente aquellos pueden servir al alma, que no recibe por ellos más que engañadoras apariencias, la fe le muestra las realidades. La vista le hace ver a un pobre, la fe le muestra a Jesús; el oído le hace escuchar injurias y persecuciones, la fe le canta: "regocíjate y alégrate de gozo". El tacto nos hace sentir las pedradas, la fe nos dice: " ¡Tener una gran alegría, por haber sido juzgados dignos de sufrir cualquier cosa por el nombre de Cristo! " El paladar nos hace gustar un poco de pan sin levadura, la fe nos muestra a Jesús Salvador, Hombre y Dios, Cuerpo y Alma. El olfato nos hace sentir el olor del incienso, la fe nos dice que el verdadero incienso "son los ayunos de los santos"... Los sentidos nos seducen por medio de las bellezas creadas, la fe piensa en la Belleza increada y tiene piedad de todas las criaturas que son como una nada y polvo al lado de esta Belleza divina... Los sentidos tienen horror del dolor, la fe lo bendice como la corona de desposorios que le une a su Bienamado... Los sentidos se rebelan contra al injuria, la fe la bendice: "bendecid a aquellos que os maldicen"; la encuentra merecida, pues piensa en sus pecados; la encuentra suave, pues esto es participar de la misma suerte que Jesús. Los sentidos son curiosos; la fe no quiero conocer nada; tiene sed de sepultarse y quisiera pasar toda su vida al pie del Tabernáculo... Los sentidos aman la riqueza y el honor, la fe los tiene horror: "Todo engreimiento es abominación delante de Dios..." ¡Bienaventurados los pobres! Y ella adora la pobreza y la abyección, de la cual Jesús se cubrió toda su vida como con un vestido que le era inseparable... Los sentidos tienen horror del sufrimiento, la fe te lo bendice, como un don venido de la mano de Jesús, como una parte de su Cruz, que El se digna darnos a llevar... Los sentidos se espantan de lo que ellos llaman peligro, de lo que puede ocasionar el dolor o la muerte; la fe no se espanta de nada, sabe que no ocurrirá nada que no proceda de Dios: "Todos los cabellos de vuestra cabeza están contados", y todo lo que Dios querrá, será siempre para su bien... "Todo lo que sucede es para el bien de los elegidos..." Así, cualquier cosa que pueda ocurrir, pena o alegría, salud o enfermedad, vida o muerte, la fe está contenta de antemano y no tiene miedo de nada... Los sentidos están inquietos por el mañana, se preguntan cómo vivirán al día siguiente; la fe no tiene ninguna inquietud. "No estéis inquietos —dijo Jesús—; ved las flores de los campos y los pájaros; Yo los alimento y los visto... Vosotros valéis más que ellos... Buscad a Dios y su Justicia y todo os será dado por añadidura..."

Los sentidos están ligados a la guarda de la presencia de la familia, la posesión de los bienes; la fe se apresura a hacer desaparecer lo uno y lo otro: "Aquel que haya dejado por Mí a su padre, su madre, casa, campo, recibirá el céntuplo en este mundo y en el otro la vida eterna".

Así, pues, la fe es iluminada totalmente por una nueva luz, diferente de la de los sentidos, más brillante y diferente... Así, aquel que vive de la fe tiene el alma llena de ideas nuevas, de nuevos gustos y juicios; éstos son horizontes maravillosos, iluminados por una luz celestial y hermosa de la Belleza divina... Envuelto de estas verdades enteramente nuevas, de las que el mundo no duda, comienza necesariamente una nueva vida, opuesta al mundo, al que estos actos parecen una locura... El mundo está en tinieblas, en una noche profunda; el hombre de fe vive en plena luz...

ESPERANZA

¡Dios mío, habladme de la esperanza! ... ¿Cómo es posible que de este pobre barro puedan salir ideas de esperanza? ¿No es necesario que vengan del Cielo? ... Todo lo que creemos, lo que sentimos, lo que somos, nos prueba nuestra nada; ¿cómo podemos saber que hemos sido creados para ser hermanos y coherederos con Jesús, vuestros hijos, si Vos no nos lo decís? Madre del Amor Hermoso, de la Santa Esperanza, rogad por mí a vuestro Hijo Jesús, e inspiradme lo que debo pensar...

La esperanza de estar un día en el Cielo, a vuestros pies, Señor mío, en compañía de la Santa Virgen y de los santos, viéndoos, amándoos y poseyéndoos para la eternidad, sin que jamás nada me pueda separar un solo instante de Vos, mi Bien y mi Todo, ¡qué visión! ¡Oh! Sí, es la visión de la paz, ¡la visión de la paz celestial! Esta esperanza, que nos levanta de tal manera, por encima de nosotros mismos, que está tan por encima de nosotros mismos, de nuestros sueños, no solamente nos la permitís, sino ¡qué nos hacéis de ella una obligación! ¡Podéis ordenarnos un mandato más suave! ¡Dios mío, qué bueno sois! Se presenta a la esperanza por un áncora; sí, ¡qué sólida áncora! Tan malo, tan gran pecador como yo soy, *debo* esperar que iré al Cielo. Vos me *prohibís* desesperar: tan ingrato, tibio y cobarde como yo soy, aun con los abusos que yo hago de vuestras gracias, Dios mío, ¡Vos me imponéis un deber, el de esperar vivir eternamente, a vuestros pies en el amor y la santidad! Me prohibís no desesperar nunca a la vista de mis miserias y decirme a mí mismo: "No puedo avanzar, el camino del Cielo es demasiado escarpado, es necesario que retroceda o rodaré hasta abajo". Me prohibís decirme a la vista de mis faltas siempre renovadas, y de las cuales os pido diariamente perdón y en las que recaigo sin cesar: "No me podré corregir nunca; la santidad no está hecha para mí; ¿qué existe de común entre el Cielo y yo? ... Soy muy indigno para entrar en él..." Me prohibís decirme también, a la vista de las gracias infinitas de las que me habéis colmado y de la indignidad de mi vida presente: "He abusado demasiado de las gracias; debería ser un santo y soy un pecador; no puedo corregirme, es demasiado difícil; no soy más que miseria y orgullo; después de todo lo que Dios ha hecho, no hay en mí nada de bueno; nunca iré al Cielo". Vos queréis que yo espere, a pesar de todo; que espere siempre tener suficiente gracia para convertirme y llegar a la gloria... ¿El Cielo y yo, esta perfección y mis miserias? ¿Qué hay de común entre ellos? Hay vuestro Corazón, mi Señor Jesús, vuestro Corazón, que hace la unión de estas dos cosas tan diferentes. El Amor del Padre, que tanto ha amado al mundo; que le ha dado su Hijo único... *Debo siempre esperar*, puesto que me lo ordenáis, y porque *debo creer* siempre en vuestro Amor, que me habéis tantas veces prometido, y en vuestro poderío... Sí, considerando lo que habéis hecho por mí, debo tener tanta confianza en vuestro Amor, que, por ingrato e indigno que me sienta, espere y cuente siempre con él, estoy convencido totalmente que estáis dispuesto a recibirme como el Padre del hijo pródigo, y aún más; que no cesáis de llamarme, de invitarme y de darme los medios para ir a vuestros pies...

VALOR

Mi Señor Jesús, es necesario que me habléis de valor y que me lo déis sobre todo, pues Vos lo sabéis; es, puede ser, lo que más me falta, si bien me faltan tantas cosas... Esta mañana todavía he faltado tres veces: dos veces me he despertado sin levantarme. ¡Perdón, perdón! Y al tañido de la campana del Angelus no he salido en seguida por miedo de la lluvia... ¡Perdón! ... ¡Como si esto no fuera una gracia mil veces bendita: despertarme temprano para estar antes cara a cara con Vos, para ponerme antes a vuestros pies, a vuestras rodillas, la cabeza en vuestras manos, y deciros que os amo... Como si el despertador no fuera vuestra llamada... Como si en el despertador no brillasen delante de mi alma, en letras chispeantes, estas palabras: "¡Es la hora de amar a Dios!"...

... Te es necesario el valor contra los hombres, contra sus amenazas y seducciones, contra las persecuciones, contra los halagos, contra los malos y contra los buenos y los santos; para soportar los malos tratos y no dejarte ablandar por los buenos, para ser en todo y con todos lo que Yo quiero que seas, para recibir las burlas, las contradicciones, los golpes, las heridas y la muerte, como mi fiel soldado, para resistir al afecto, a la ternura, al amor, a las buenas palabras y a las atenciones, a las alabanzas; a los obsequios más delicados, para no tener pena alguna, ni las de los demás, sino únicamente la mía... Te hace falta valor contra el demonio: contra los terrores, las turbaciones, las tentaciones, las seducciones, las tinieblas, las falsas luces, los espantos, las tristezas, disipaciones, quimeras, las falsas prudencias, los *miedos sobre todo* (pues ésta es su arma habitual, especialmente contigo, que eres tímido e inconstante), por medio de los cuales buscará arrancarte de Mí...

HUMILDAD

"Aprended de Mí, que soy manso y humilde de corazón", habéis dicho, Dios mío... ¡Y de qué manera nos habéis dado ejemplo! ... ¡Vos, siendo Dios, os hicisteis hombre! Hombre os hicisteis, el último de todos; un humilde obrero en este pequeño Nazaret, en el cual tengo la dicha de estar, y, cuando pasasteis de la vida oculta a la vida pública, ¡qué humildad en vuestras palabras, enseñanzas y en los ejemplos! ... Cuando hacéis milagros, recomendáis que no digan nada... Cuando os dejáis ver en vuestra gloria a los Apóstoles, les recomendáis el silencio hasta vuestra Resurrección... Se os llama de la casa de un enfermo y vais en seguida; se os pide una cosa y la hacéis; se os persigue y os fugáis; en nada os mostráis como Dios, Rey omnipotente; se os interpela groseramente y vos respondéis con dulzura; se os echa y salís sin replicar; se os rechaza la hospitalidad, y vais a otro sitio... En todas partes os empequeñecéis... Y en vuestras enseñanzas decís: ¡Maldición a los ricos; les será más difícil entrar en el Cielo que a un camello pasar por el ojo de una aguja! ... El Hijo del Hombre es manso y humilde de corazón... Si no os hacéis como niños no entraréis en el reino de los cielos... Los que se ensalzan serán humillados, y los que se humillan serán ensalzados... Cualquier engreimiento es una abominación delante de Dios... No os hagáis llamar maestros... Escoged los últimos puestos... Aquel que se haga el menor y que sea el servidor de los demás será el mayor entre vosotros... Yo me tengo entre vosotros como el que sirve... Os lavo los pies para que vosotros hagáis lo mismo los unos a los otros... Si os dan una bofetada sobre una mejilla, ofreced la otra... Si os quieren quitar injustamente vuestro manto, dad la única también... No resistáis al mal... Yo no busco la alabanza de los hombres..." ¡Dios mío, que habéis enseñado siempre la humildad, por medio de vuestras palabras y ejemplos, de los cuales habéis hecho una de vuestras características más propias! ... Para Vos, la humildad era un ejemplo dado a los hombres, y veíais tan bien la diferencia que existe entre Creador y criatura, que quisísteis que vuestra Naturaleza humana no fuera más que una sola persona con vuestra Naturaleza divina, el homenaje de una humildad infinita a la divinidad, la cual veíais tan claramente, y de la cual comprendíais perfectamente sin sombra alguna, la grandeza sin límite... Pero si habéis querido ser humilde, como yo debo serlo, y, para quien, como lo ha dicho tan bien San Agustín: "La humildad es la verdad". Sí, verme como una nada, como un gusano de la tierra, peor que un demonio en cierta manera. No de una manera general, pero sí, en cierto modo, por los múltiples abusos que he hecho de vuestra gracia, por el número de veces que os he ofendido, después de haberme perdonado. ¡Cómo, para mí, esta humildad es la verdad! ... Desconfiad de mí, yo que caigo a diario, a todas horas... Tener un bajo concepto de mí, que soy tan miserable; que mire mi pasado o mi presente, yo, que soy pobre... Bajos conceptos de mi espíritu, yo, que me he equivocado tan frecuentemente... ¡Baja conceptuación de mi virtud, yo, que veo mis fallos todos los días y sucumbir tan fácilmente delante de tan pequeñas tentaciones!

Humilde en ideas, conociéndome a mí mismo y mirando mis miserias pasadas y presentes, los defectos que tengo y las virtudes que me faltan, las enfermedades que tengo y los dones naturales de que carezco...; siendo humilde en los deseos, no teniendo ninguna ambición, ningún deseo de la estimación de los hombres, sino, al contrario, el deseo de que ellos estén en la verdad, que me estimen en mi valor, es decir, como un gusano de la tierra y una nada, una especie de loco orgulloso, cobarde, bestial e ingrato...; no dejándome llevar por ningún ensueño (es tiempo perdido), pero sobre todo por ninguna ensoñación mala, llena de vanidad, de espíritu mundano, de orgullo y de una mala levadura de ambición o de grandeza... Desconfiando de mí mismo, de mis juicios, de mi virtud, de mi valor...; atribuyendo sólo a Dios todo lo bueno que pueda haber en mí, y a mí sólo todo lo malo que yo hago...

Humilde en palabra, hablando poco, no diciendo nada de mí, no revelando nada, salvo en caso de gran necesidad, el bien que Dios ha hecho en mí; no diciendo nada que pueda dar una buena opinión de mí a los demás, salvo en caso que sea necesario; ocultando también todos los dones naturales y sobrenaturales (aunque todos me vienen de Dios y ninguno de mí); ocultar el bien que hago y el que Dios hace por mi mediación, "que tu mano izquierda ignore lo que ha dado la derecha". "Cuando ayunes, perfuma tus cabellos". Cuando ores, cierra las puertas, y que Dios sólo te vea..." Hablar humildemente, suavemente, no responder con altivez a las palabras altaneras, ser humilde y manso, con los pequeños y con los grandes, ante los reproches, las alabanzas, los beneficios y las injurias, los halagos y las amenazas, humilde siempre que hables y humilde ante la muerte.

Humilde en acciones, no creyendo ser capaces de ninguna acción superior, puesto que Jesús ha sido treinta años, y José toda su vida, carpintero; ante este ejemplo, considerar al contrario cualquier ocupación como todavía demasiado buena para nosotros...; abracemos amorosamente, y hasta con prisa, cualquier ocasión para humillarnos, cualquier anonadamiento en imitación del de Jesús, y porque si nuestros pecados fuesen conocidos de los hombres, nada les parecería bastante vil para nosotros...; huyamos de cualquier ocupación o posición elevada, ya que Jesús se hizo pequeño y despreciado, no aceptemos ninguna grandeza, cualquiera que sea, salvo si la obediencia nos lo impone, si vemos que es un deber o es la voluntad segura de Dios...

ORACION

Mi Señor Jesús... Orar es miraros, y, puesto que Vos estáis siempre ahí, si yo os amo verdaderamente, ¿no os miraré sin cesar? Aquel que ama y que está delante del Bienamado, ¿puede hacer otra cosa distinta que tener sus miradas en El?... "Enséñanos a orar", como decían los Apóstoles... ¡Oh, Dios mío!, el lugar y el tiempo están bien escogidos; estoy en una pequeña habitación, es de noche, todo duerme, no se siente más que la lluvia y el viento, y algunos gallos lejanos que recuerdan, ¡ay!, la noche de vuestra Pasión... Enseñadme a orar, Dios mío, en esta soledad y recogimiento.

—Sí, hijo mío; es necesario que ores sin cesar; ora haciendo todo lo que hagas: leyendo, trabajando, andando, comiendo, hablando, es necesario siempre tenerme delante de los ojos, mirarme constantemente y hablarme más o menos, según tú puedas, pero mirándome siempre.

La oración es la conversación familiar del alma con

Dios; la oración no encierra otra cosa; no es ni meditación propiamente dicha, ni oraciones vocales; pero se acompaña, en un mayor o menor grado, de la una y de las otras.

La meditación es la reflexión atenta sobre cualquier verdad que la mente busca profundizar a los pies de Dios. La meditación está siempre más o menos mezclada de oración, pues es necesario llamar a Dios en nuestra ayuda de cuando en cuando para conocer lo que se busca, y también para gozar de su Presencia y no estar mucho tiempo tan cerca de El sin decirle ni una palabra de ternura...

—Tus oraciones vocales, Oficio Divino, Rosario, *Vía Crucis*, me gustan, me honran. Me parece bien que sí, que los hagas; son un ramillete que me ofreces, un bonísimo y divino regalo, aunque tú seas tan pequeño...

"Tú eres un niñito, pero, en mi bondad, te permito coger en mi maravilloso jardín las más bellas rosas para ofrecérmelas; de tal suerte, que, siendo tan poca cosa como eres, en una media hora o tres cuartos de hora, y sobre todo cuando es más, me haces un maravilloso ramo... ¿Me comprendes? ... Y este ramo me gusta que venga de tus manos, querido mío, porque tú sabes que aunque seas poca cosa y estés lleno de defectos, eres mi hijo y, por consiguiente, te amo; te he creado para el Cielo; mi Hijo único te ha rescatado con su Sangre; te ha hecho más, hijo mío, te ha adoptado por hermano; te amo, y después has escuchado su voz y puedes decir lo que yo mismo he dicho: "Si te he amado cuando no me conocías, con mayor razón ahora, que, aun y todo siendo lo pobre y pecador que eres, deseas serme grato". Tú ves perfectamente que Yo soy grande y tú pequeño; Yo, hermoso; tú, bien feo; Yo, riquísimo, y tú, pobrísimo; Yo, sabio, y tú, bien ignorante; sin embargo, deseo tu ramo cotidiano, tus rosas de la mañana y de la tarde; las deseo, porque estas rosas que te permito coger en mi jardín son bellas, y las deseo porque te amo, aun todo lo pequeño y malo que eres, hijito mío".

—¡Gracias, gracias, Dios mío! ¡Qué suaves y claras son vuestras palabras, y cómo veo bien lo que no había visto del todo! ... ¡Gracias, gracias, Dios mío! ¡Qué bueno sois!

CASTIDAD

Mi Señor Jesús, decidme lo que debo pensar de esta divina virtud... ¡Cuánta necesidad tengo de aprenderla de Vos! Yo, tan miserable, tan bajo, hundido en el fango, ¡cuán necesario es que Vos me iluminéis para que comprenda algo de la belleza de esta virtud celestial!

—Hijo mío: Yo he sido virgen, he escogido una Madre, un padre nutricio, un Precursor, un discípulo predilecto, vírgenes; he querido que en mi religión todos los sacerdotes, todas las almas que me están consagradas, practiquen la castidad... Y hay un gran número de santos que a partir de cierto momento de su vida, si no siempre, han vivido castos...

Para quien me ama verdaderamente, me ama apasionadamente, mi amor es un lazo sagrado, un matrimonio, y cualquier pensamiento, palabras, acción contrarias a la castidad es una infidelidad al Esposo... La virginidad, la castidad, no son, pues, el estado de un alma que no esté casada; es, al contrario, el estado de un alma unida a un Esposo bienamado, perfecto, perfectamente hermoso, santo y amable. "Venid y veréis cuán suave es el Señor". Cuando se ha entrevisto esto, ¿cómo puede obrarse de otra forma que no sea desear apasionadamente pasar su vida contemplándole, adorándole, en la práctica de todas sus voluntades, lejos de las vanidades del mundo? No; toda nuestra existencia está prisionera; hemos visto al Rey de Reyes, ha seducido para siempre nuestros corazones, le amamos, no queremos un amor terreno, tenemos un Bienamado, y no tenemos en nosotros lugar para dos... Hemos entrevisto el cielo, hemos muerto al siglo..., queremos ser solamente para Dios; El basta a nuestros corazones; son ellos los que no llegan a rendirle todo el amor y la adoración que El merece... No queramos estar separados: deseemos ser enteramente para El, estar a sus pies, como hermanos; ser solamente para El, todo para El... ¿No es nada, hijas mías, darse enteramente a Dios? , decía Santa Teresa. Somos esposas, verdaderamente desposadas, por esto mismo que deseamos serlo y porque le prometemos entregarnos siempre a El... ¡Cuán dulce y humilde es El! El, el Rey del Cielo, aceptar así por esposas suyas todas estas pequeñas almas que se ofrecen a El; es difícil a veces encontrar un prometido sobre la tierra, y sin embargo, un prometido terrestre es bien poca cosa, tan ínfimo, ceniza y polvo... Pero El, el Rey del Cielo, se le puede tener por prometido cuando se quiere... El acepta cualquier alma... La más pobre, la más desdeñada, culpable y sucia, la que se ofrece a El, con corazón sincero... El las acepta todas y se da a las mismas... ¡Dios mío, qué bueno sois!...

Es la fe la que hace la vida de la esposa de Cristo... Ella es la luz; sabe, ve... Ve que es la esposa de Jesús, que su suerte es divina, que es bienaventurada, que su vida debe ser un perpetuo *Magnificat* y que su gozo es incomprensible...

(Nuestro Señor): "Y tú sabes a qué grado, con qué celo, es necesario guardarse del menor, del más pequeño, del más imperceptible pensamiento contrario a la castidad delicada, y con mayor razón de toda palabra o acción, puesto que se trata de la esencia misma de la fidelidad que debes a tu Bienamado, a este Esposo que amas apasionadamente, y que El, asimismo, te ama con pasión, como te lo ha probado, muriendo por ti y concediéndote tantas gracias y, en fin, aceptándote para ser su prometida, su esposa, en el tiempo y en la eternidad, en las luminosidades de la fe y en el infinito gozo de la gloria.

Resoluciones.—Agradecer frecuentemente a tal Esposo la gracia infinita que me ha hecho esclareciendo las luces de mi fe y haciéndome ver lo que representa ser la esposa del Rey del Cielo... Agradecerle hasta lo infinito, muy frecuentemente, por haberme llamado y recibido como su esposa, El, tan grande, y yo, tan pequeño... Guardarme con celo infinito de toda falta, por imperceptible que ella sea, en pensamientos, palabras o acciones contra la castidad, porque éstas son faltas directas contra la fidelidad que debo a mi Esposo, y el horror que debo tener a tales faltas deberá estar en razón directa del amor que yo tengo a mi Esposo...

POBREZA

¡Oh, mi señor Jesús, he aquí esta divina pobreza! ¡Cuán necesario es que me instruyáis! ¡Vos la habéis amado tanto! Desde el Antiguo Testamento habéis mostrado por ella todas vuestras complacencias... En vuestra vida mortal habéis hecho de ella vuestra fiel compañera... La habéis dejado en herencia a vuestros santos, a todos aquellos que quieren seguirnos, a todos aquellos que quieren ser vuestros discípulos... La habéis enseñado por los ejemplos de toda vuestra vida, la habéis glorificado, beatificado, proclamado necesaria, por vuestras palabras... Vos habéis escogido a vuestros padres entre pobres obreros... Habéis nacido en una gruta sirviendo de establo; habéis sido pobre en los trabajos de vuestra infancia; los primeros que os adoraron fueron pastores... En vuestra presentación en el templo se ofreció el don de los pobres... Habéis vivido treinta años como un pobre obrero, en este Nazaret que yo tengo la dicha de pisar, donde yo tengo la alegría indecible, profunda, inexpresable, la bienaventuranza de recoger estiércol... Después, durante vuestra vida pública, habéis vivido de limosna en medio de pobres pescadores, que escogisteis como compañeros... "Sin una piedra donde descansar la cabeza..." En aquel tiempo, habéis dicho a Santa Teresa que frecuentemente habíais dormido al sereno, por falta de un techo bajo el cual cobijaros... Sobre el Calvario habéis estado despojados de vuestros vestidos, y lo único que poseíais, los soldados se lo han jugado entre ellos... Habéis muerto desnudo y habéis sido enterrado de limosna por extraños... "¡Bienaventurados los pobres!"

Mi Señor Jesús, ¡cuán presto se hará pobre aquel que amándoos con todo su corazón, no podrá soportar ser más rico que su Bienamado!... Mi Señor Jesús, ¡cuán presto se hará pobre aquel que, pensando que todo lo que se hace a uno de estos pequeños os lo hace a Vos, y que todo lo que no se hace a ellos, se deja de hacer a Vos; aliviará todas las miserias que halle en su camino!... ¡Cuán presto se hará pobre aquel que recibirá *con fe vuestras palabras:* "Si quieres ser perfecto, vende lo que tienes y dáselo a los pobres... ¡Bienaventurados los pobres, pues cualquiera que haya dejado sus bienes por Mí recibirá aquí abajo el ciento por uno y en el cielo la vida eterna! ...", y tantas otras.

Dios mío, yo no sé si es posible a ciertas almas veros pobres y permanecer voluntariamente ricas; verse más grandes que su Maestro, que su Bienamado, y no querer parecerse a Vos en todo, aun en lo que depende de ellas, y sobre todo en vuestras humillaciones; yo bien deseo que ellas os amen, Dios mío, pero, sin embargo, yo creo que falta alguna cosa a su amor, y, en todo caso, yo no puedo concebir el amor sin una *necesidad*, una *necesidad imperiosa*, de conformidad, de parecido y sobre todo de participación, en todas las penas, en las dificultades y en todas las durezas de la vida... Ser rico a mis anchas, vivir cómodamente de mis bienes, cuando Vos habéis sido pobre, sin dinero, viviendo penosamente de un duro trabajo: Por mi parte, yo no puedo, Dios mío... yo no puedo amar así... "No conviene que el servidor sea mayor que su Dueño", ni que la esposa sea rica cuando el Esposo es pobre, cuando El es voluntariamente pobre, sobre todo porque El es perfecto... Santa Teresa, cansada de las instancias que la hacían para que aceptase rentas para su monasterio de Avila, estaba a veces a punto de consentir, pero cuando volvía a su oratorio y veía la Cruz, caía a sus pies y suplicaba a Jesús, desnudo sobre esta Cruz, de hacerle la gracia de no tener nunca rentas y ser tan pobre como El... Yo no juzgo a nadie, Dios mío; los demás son vuestros servidores y mis hermanos, y yo debo amarlos, hacerles el bien y orar por ellos; pero para mí me es imposible comprender el amor, sin la busca de la semejanza y sin la necesidad de participar todas las cruces...

Y, por otra parte, sus bienes son inmensos; el pobre que no tiene nada, que no ama nada sobre la tierra, ¡tiene el alma bien libre! ... Todo le es igual: que se le envíe aquí o allá poco le importa: no tiene ni quiere nada en ninguna parte... Encuentra por todas partes a Aquel de quien sólo espera todo, Dios, que le da siempre, si es fiel, lo que es mejor para su alma... ¡Qué libertad la suya! ¡Cuán ligero está su espíritu para subir al Cielo! ¡De qué manera nada entorpece a su alma! ¡Cómo sus pensamientos, desligados de todos los lazos terrenos, vuelan puros hacia el Cielo! ¡Cómo los pensamientos de las cosas materiales, pequeñas o grandes (pues las pequeñas, aun las más pequeñas, turban tanto como las grandes), le molestan poco en su oración! ... ¡Todo esto no existe para él! ...

"A esto es a lo que habíais llegado en la Santa Gruta, bendita Santa Magdalena: A vos también me dio Jesús para enseñarme la pobreza, lo sé... La pobreza completa, perfecta, que no es solamente "no tener nada de más como posesión, ni en uso, que lo que tenga un pobre obrero", como yo he hecho el voto y lo pido a imitación de Jesús... Es más que esto la completa pobreza, es la *pobreza de espíritu* que habéis proclamado bienaventurada, mi Señor Jesús, que hace que todo lo material sea totalmente indiferente, que se rompa con todo, lo mismo que Santa Magdalena en la Santa Baume; que no deje ninguna, ninguna atadura, y lo deje todo por Dios sólo. Dios lo llena entonces y reina solo; lo ocupa enteramente y le pone por encima de El, por El, para El, el amor de todos los hombres, sus hijos. El corazón no conoce ni contiene más que estos dos amores; el resto no existe para él y vive sobre la tierra como si no existiera, en continua contemplación de lo único necesario, del *solo Ser* y en inercesión por aquellos que el corazón de Dios quiere tanto amar...

ABYECCION

Mi Señor Jesús, dignaos hacerme Vos mismo esta meditación. Sois Vos el que habéis dicho: "No conviene que el discípulo sea mayor que el Maestro..." Vos me ordenáis por esto no estar por encima de Vos a los ojos de los hombres, en la vida de este mundo... ¿Cómo será necesario que yo practique la abyección? ...

—Observa primeramente que después de haber dicho "el discípulo no será mayor que el Maestro", Yo he añadido: "Pero es perfecto si es semejante a su Maestro". Así, pues, no quiero que estés por debajo de lo que yo he estado, no quiero tampoco que seas inferior... Si existen excepciones, no es precisamente para ti, a quien tantas veces te he dado por vocación mi perfecta imitación, imítame, e imítame a Mí solo... Procura, pues, ser a los ojos del mundo lo que Yo era en mi vida de Nazaret, ni más ni menos. Yo he sido pobre obrero, viviendo del trabajo de mis manos; he pasado por ignorante e iletrado; tenía por padres, prójimos, primos, amigos, a pobres obreros como Yo, artesanos y pescadores; les hablaba de igual a igual; estaba vestido y alojado como ellos, comía como ellos cuando estaba entre los mismos... Como todos los pobres, estaba entre los mismos... Como todos los pobres, estaba expuesto al desprecio, y es por lo que Yo, que no era a los ojos del mundo más que el pobre "Nazareno" por lo que fui tan perseguido y maltratado en mi vida pública, que cuando hablé la primera vez en la sinagoga de Nazaret quisieron despeñarme; que en Galilea se me llamaba Belcebú y en Judea demonio y poseído; que se me trataba como impostor y seductor y que se me hizo morir sobre el patíbulo entre dos ladrones. Se me miraba como un vulgar ambicioso... Pasa por esto que Yo he pasado, hijo mío; por ignorante, pobre, de nacimiento vulgar; para que lo seas realmente, sin inteligencia ni talento, ni virtud, busca en todo las ocupaciones más bajas; cultiva, sin embargo, tu inteligencia en la medida en que tu director espiritual te lo ordene; pero que esto sea a escondidas e ignorado del mundo. Yo era infinitamente sabio, pero se ignoraba; no temas instruirte, es beneficioso para tu alma; instrúyete con celo para ser mejor, para conocerme y amarme más, para conocer mejor mi voluntad y hacerla, y también para parecerte a Mí, la Ciencia perfecta; sé muy ignorante a los ojos de los hombres y muy sabio en la ciencia divina al pie de mi Sagrario... Yo era humilde y desdeñado sin medida; busca, pide las ocupaciones que te humillen más: recoger estiércol, cavar la tierra, todo lo que exista de más bajo y vulgar; cuanto más pequeño seas en este sentido, más te parecerás a Mí... ¿Que se te mira como loco? ¡Mejor! Agradécelo infinito: a Mí se me trataba lo mismo; es un parecido que Yo te doy... ¿Qué te tiran piedras, que se burlan de ti, que te dicen injurias en las calles? ¡Tanto mejor! Agradécemelo; es una gracia infinita que te hago, pues a Mí ¿no me hicieron otro tanto? ¡Cómo debes considerarte dichoso si Yo te doy este parecido! Pero no hagas nada para merecer este trato de excéntrico y extraño; Yo no hice nada para ser tratado así, no lo merecía, bien al contrario, y a pesar de ello, me lo hicieron; tú haz lo mismo; no hagas nada para merecerlo; pero si Yo te hago la gracia de someterte a eso, agradécemelo bien; no hagas nada por evitarlo o por que cese; soporta todo con gran alegría y agradecimiento hacia mi mano, que te da esto como un dulcísimo regalo de hermano... Haz todo lo que Yo habría hecho, todo lo que hice; no hagas más que el bien, pero dedícate a los trabajos más viles, los más humillantes; muéstrate en todo por tus vestidos, tu alojamiento, tus cortesías obsequiosas y fraternas para con los pequeños, al igual de los más humildes... Oculta con cuidado todo lo que pueda elevarte a los ojos del prójimo... Pero delante de Mí, en la soledad y el silencio del Sagrario, estudia, lee: estás solo, a puerta cerrada, Conmigo, mis santos Padres y tu madre Santa Magdalena; expansiónate a mis pies y haz lo que te diga tu director para ser mejor, más santo... Para mejor consolar mi Corazón.

TRABAJO MANUAL

Dios mío, inspiradme lo que queréis de mí a propósito de los trabajos manuales...

—Para esto, como para la abyección y la pobreza, quiero de ti lo que Yo he querido de Mí... Tú tienes una dichosa vocación, ¡hijo mío, qué feliz eres! ... Tómame sencillamente como modelo; haz lo que pienses que Yo hacía, lo que Yo haría; no hagas lo contrario... Imítame... Trabaja lo suficiente para ganar el pan cotidiano, pero menos que los obreros ordinarios. Estos trabajan para ganar lo más posible; pero Yo y tú trabajamos para ganar una alimentación extremadamente frugal, vestido y alojamiento extremadamente pobres y además para hacer pequeñas limosnas... No trabajamos más porque nuestro desasimiento de las cosas materiales y el amor de la penitencia hacen que no queramos tener más que vestidos, alimento y aposento tan viles como sea posible y solamente lo estrictamente necesario... Trabajamos menos que los demás obreros, porque por una parte tenemos menos necesidades materiales, y por otro lado tenemos más espirituales; dedemos guardar el mayor tiempo para la oración, la lectura, pues así se hacía en la Santa Casa de Nazaret...

—¿Cómo trabajar?

—Mirándome sin cesar, hijo mío, pensando sin parar que trabajas conmigo y por Mí, entre Mí, María y José, Santa Magdalena y nuestros ángeles, contemplándome sin cesar con ellos...

RETIRO

Dios mío, ayudadme, asistidme, inspiradme, pues cuanto más mi pequeño retiro avanza, más me siento impotente y vacío, más siento que es necesario que todo venga de Vos... Decidme, Dios mío, ¿en qué soledad debo yo vivir?

—En aquella en que Yo he vivido durante mi vida oculta, hijo mío; ni más ni menos... Mi vida era muy retirada... No pienses que lo habitual en mi Madre y Yo fuera ir a las bodas... Acuérdate que mi Madre y San José habían abrazado los dos el camino perfecto, los dos la virginidad, y que ellos vivían en el mundo como si no estuvieran en él... Eran dos obreros, pero ¿eran dos obreros corrientes? Si Judith había sabido vivir como fuera del mundo en su morada, ¡cuánto más ellos! Si cualquier persona que comienza a amarme se aleja del mundo en seguida y vive en un retiro, cada vez mayor, a medida que su amor por Mí crece, ¿en qué retiro debían vivir mis santos Padres? Cuando Yo entré en la vida, entré en este interior divinizando, donde los días se pasaban en contemplación continua, en el ayuno, la oración y el trabajo acompañado de oraciones: almas que habían hecho esta vida, que no respiraban más que por Dios, pues toda la conversación estaba en los cielos, que eran la una para la otra como hermanos y no esposos, habían sabido hacerse una vida tan solitaria y retirada en este pequeño Nazaret... Yo entré en esta vida y ella vino a ser la mía. Mi presencia estrechó todos los lazos que unían a María y José: Para estar siempre con Dios estaban siempre juntos; pero más que nada les pesaba todo lo que no fuera Dios, a quien tenían la dicha de ver... Teniendo tal tesoro, lo escondían entre ellos; no lo mostraban sin necesidad a los profanos que no le conocían y trataban a su Dios como a un hombre... Yo, que he dicho "Yo no soy del mundo"; Yo, que les había inspirado ese amor de la soledad, y que lo inspiro siempre a todas las almas, desde que ellas se acercan a Mí, no tuve el cuidado de escoger otra vida: Yo entré en su vida escondida, retirada, solitaria y me sumergí con ellos...

Cualquier que ama, ama la soledad en compañía del ser amado... Cualquiera que ama a Dios, ama la soledad a los pies de Dios... Todos los santos, sin excepción, han amado la soledad, pues todos me han amado, y desde que se me ama se desea necesariamente vivir íntimamente.. Debe amarse mi bien, mi consolación, mi gloria más que todo, más que la alegría de estar conmigo; así desde que mi Voluntad llama aquí o allá, es necesario correr, volar, dejar la soledad, mezclarse con los hombres; pero desde que mi voluntad y mi conveniencia no ordenan que se esté mezclado con los hombres es necesario obedecer a la ley del amor y volver a la soledad, y cuanto más se me ama, más sed se tiene de estar solo conmigo, más se es capaz de quedarse largo tiempo en mi compañía, más se hace una vida de oración solitaria... .

En tanto que Dios no nos mande predicar, quedemos en nuestra soledad... No te figures, pues, una vida de familia, rodeada del cariño, las visitas de numerosos amigos y parientes...; no, nada de esto; sino la vida de dos o tres religiosos unidos en Dios para llevar juntos, en una casita solitaria, una vida de recogimiento, de oración continua, de gran penitencia, santas lecturas, continua contemplación, una vida de silencio, la vida de las almas que no están en la tierra, pues toda su conversación está en los cielos. He aquí lo que fue mi vida de Nazaret: soledad... He aquí lo que debe ser la tuya... recogimiento, silencio, paz, conversación con Dios durante todos los momentos del día y a ser posible durante la noche; salir de casa lo más raramente posible y solamente para las cosas indispensables; estar fuera lo menos posible, saludar a todos los que se conocen, poner cara amable a todos; no hablar a nadie, o, si es necesario, hacerlo con las menos palabras posibles, pero siempre llenas de bondad y diciendo algo que haga pensar en Dios y conduzca a El...

PENITENCIA

Señor mío y Dios mío, ¡cuán cobarde soy! , tengo necesidad que me habléis de penitencia, que me la hagáis amar, que me mostréis su belleza, que me hagáis ver cómo ella está unida, indisolublemente ligada a vuestro amor..., y después, que me digáis lo que es necesario que haga... Y, en fin, ¡que Vos me ayudéis a hacerla!

—Hijo mío, ya hemos hablado de la penitencia. Ver su belleza no tienes necesidad... ¿No te es suficiente saber que Yo la he hecho toda mi vida, que la he practicado durante toda mi vida oculta y en mi vida pública, como el Evangelio lo muestra, que he ayunado durante la santa cuarentena y que he muerto en la Cruz? Este ejemplo ¿no te es suficiente para que comiences con todas tus fuerzas la penitencia, sin ningún otro motivo, por puro amor y simple deseo de imitarme, de asemejarte, de participar en mi vida y, sobre todo, en mis penas? ... Y si tan poco me amas, si tampoco mi ejemplo no te basta, ¿no tienes mis palabras? "Haz penitencia... Cuando el Esposo no estará más con ellos ayunarán... Esta clase de demonio no puede vencerse más que por medio de la oración y el ayuno..." Y si mis ejemplos y palabras te parecen oscuros, aunque ellos sean claros como el día, ¿no tienes el ejemplo de mis santos? Todos, sin excepción, pueden servirte de comentario y probarte que quiero la penitencia... Pero dentro de los bordes de la obediencia. Si eres tan tibio que todo esto no basta, entonces mira lo que la penitencia es en sí misma...

Cada vez que te privas de alguna cosa, por poco que sea, de un movimiento de curiosidad, de mirar al aire, de comer un bocado más, cazar una mosca, de la menor comodidad, del menor deseo de tu voluntad, de una nadería, si tú lo haces por mi amor, con el deseo de ofrecerme un sacrificio, me ofreces un acto de adoración y de culto elevadísimo, que me es muy agradable y me honra mucho. Con mayor razón cuando me ofreces en sacrificio cualquier cosa que te cuesta más que otra: una fuerte humillación, una fuerte penitencia, una vigilia dura, un voto difícil de observar...

Así, ve la suma maravillosa de honor que me puedes ocasionar haciendo todas estas cosas con espíritu de sacrificio, ofreciéndome de la mañana a la noche toda clase de mortificaciones, grandes y pequeñas, lo mismo que aquellos que me aman y desean mi gloria me ofrecen sacrificios, honrándome de la mañana a la noche... Ellos no tienen necesidad para glorificarme, de predicar, de salir de su celda; les basta privarse, sufrir; toda privación, todo sufrimiento soportado en mi honor y ofrecido a Mí es una gloria, un sacrificio de agradable perfume... Comprende ahora las mortificaciones de los santos, el deseo de sufrir de las almas hambrientas de mi gloria... Comprende cómo estas almas tan celosas por la gloria de Dios, como la Mía más que todas las otras, se echaban en la penitencia de la mañana a la noche, a cualquier hora, para ofrecer a Dios la mayor gloria posible... Es en ese sentido que San Pablo ha podido decir tan bien: "Yo no he conocido más que a Jesús, y a Jesús crucificado... Toda mi vida ha sido sufrimiento voluntario, porque toda mi vida ha sido deseo devorador de la gloria de Dios, y la penitencia es un medio de glorificarle continuamente de una manera admirable...

¿Comprendes ahora por qué debes hacer penitencia hasta agotarte (siempre bajo la obediencia)?

Puesto que no es necesario, para que un acto sea un sacrificio, que se ofrezca en el mismo momento como tal, pues puede haber sido ofrecido con antelación, ya que todos los actos, todas las palabras, todos los buenos pensamientos, aun aquellos en que te detienes, pueden ser ofrecidos a Dios en sacrificio, no es necesario hacer a Dios una multitud de sacrificios cada día y pensar a lo largo del día y decirse a cada momento: "Hagamos un sacrificio..." Basta ofrecer con espíritu de sacrificio a Dios, en su honor, todos nuestros pensamientos, palabras o acciones del día, nuestros movimientos, nuestro ser, rogándole que todo ello sea un sacrificio de agradable perfume: Seremos así una víctima perpetua y nuestro sacrificio durará todos los instantes del día.

· RECAPITULACION DE LAS RESOLUCIONES

Abrazar la humildad, la pobreza, el abandono, la abyección, la soledad, el sufrimiento con Jesús en el pesebre; no hacer ningún caso de las grandezas humanas, de grado, estima de los hombres, sino apreciar más a los pobres que a los ricos. Para mí, buscar el último de los puestos, organizar mi vida de manera que sea el último, el más desdeñado de los hombres.

Cuando estoy triste, desanimado de mí, de los demás, de las cosas, pensar que Jesús está glorioso, sentado a la derecha del Padre para siempre, y alegrarme.

Puedo también en estos momentos, para sumergirme en esta alegría, decir los misterios gloriosos del rosario...

(Jesucristo): "En general, no te inquietes por las pequeñas cosas, quiebra todo lo que es mezquino y trata de vivir muy alto, no por orgullo, pero sí por amor...

Es necesario romper con todo lo que no sea Yo... Hacerte aquí un desierto, donde tú estés tan sólo conmigo, como Santa Magdalena lo estaba en el desierto conmigo. Es por medio del desasimiento por lo que llegarás a esto, es echando todos esos pequeños pensamientos, tan infinitamente pequeños que no son malos en sí mismos, pero que acaban por disipar de la mañana a la tarde, tu espíritu lejos de Mí, en lugar de contemplarme.

Mírame, trabajando por Mí... Mírame orando, mírame sin cesar, y da a la oración o a las Santas Lecturas que te unirán a Mí, y por medio de las cuales te hablaré como hablaba a mis Padres y a Magdalena en Nazaret y en Betania, todo el tiempo que te sea posible... Cuando se ama, se mira sin cesar al amado, se juzga como bueno todo el tiempo empleado en contemplarle, y como perdido todo el tiempo durante el cual no se le ve... Este es el tiempo que sólo parece contar... Durante el cual miramos la sola cosa que en nosotros tiene razón de ser... El resto es el vacío y la nada... Derrítete en Mí, piérdete en Mí, ahógate en mi amor, piensa en el momento que Yo te he ordenado que esperes y en que estarás eternamente apoyado sobre mi seno; y, puesto que te lo permito, te digo que comiences desde ahora a vivir una vida tan dulce, con la silenciosa Magdalena, mi silenciosa Madre y el silencioso San José, apóya con ellos tu cabeza sobre mi seno y acaba en esta dulce posición y en la dulce vida de Nazaret tu peregrinación".

No perder jamás un instante, un solo instante de

presencia delante del Santo Sacramento, sean las que sean las dificultades morales o materiales, los sufrimientos y los peligros a afrontar por esa causa: el universo entero no es nada al lado del Dueño del mismo que reside en el Sagrario.

Ser humilde en pensamientos, palabras y acciones.

No buscar ni amar el aprecio de los hombres, sino amar su desprecio.

Cuando se ama se es humilde, pues se encuentra uno pequeño, una nada, al lado de lo que se ama.

Cuando se ama se imita, y Jesús fue dulce y humilde de corazón.

La humildad es el ornato de todas las virtudes, y es necesaria para que sean agradables a Dios; el orgullo las echa a perder...

¿Será necesario vivir en Nazaret? No más que en otro lugar. No preocuparse más que de hacer la voluntad de Dios, de Dios sólo... Debo encontrar que vivir en Nazaret es una gran gracia, considerarme dichoso estando muy reconocido, pero no apegado a ello; desde que esto deje de ser la voluntad de Dios será necesario echarse hacia adelante y valerosamente, sin una mirada atrás, hacia donde su voluntad me llame.

(Nuestro Señor): "Uno de los motivos por los cuales he querido ser más pobre que el más pobre de los obreros es porque Yo he venido a enseñar a los hombres el desprecio de los honores, el desprecio de los bienes de la tierra y por lo que les he dado el ejemplo de la más profunda abyección... Tú tienes los mismos motivos que Yo; comprendido este último, entra, pues, en tu vocación: la de pregonar el Evangelio sobre los tejados, no por tu palabra, sino por tu vida..."

¿Cómo podré devolver a Dios lo que le debo después de haber recibido tanto? Por el amor, por la obediencia a todo lo que El quiere de mí, pues la obediencia es la señal del amor... Por la perfección en llenar mis deberes, los cuales están encerrados en la perfecta obediencia; en particular, por dos cosas, que en la medida en que debo yo ofrecerlas, son de consejo y no de mandamiento, pero son particularmente amorosas y significan la ternura y el ardor del corazón: estas dos cosas son el fervor de las oraciones, que hacen un ramo de rosas cotidiano, y la penitencia, que es el sacrificio, el don, el pequeño calvario cotidiano, el perfume de mirra que se ofrece cada día al Bienamado para embalsamarle... La oración y la penitencia deben ser el fondo de mi vida, como la de Jesús en Nazaret, como la de Santa Magdalena en la Santa Gruta.

No tener alegría, por lo que a mí respecta, de los alivios dados al cuerpo: recibirlos con gozo, pensando en Dios, en Dios sólo, porque Dios los quiere, pero no por placer personal. Por gusto personal, no estando manifestada la voluntad de Dios, preferir la penitencia, puesto que ella le ofrece un sacrificio mayor, preferir antes que nada, antes que todo, la voluntad de Dios, pues lo que más le honra es que se haga su voluntad.

No es necesario que el deseo de ofrecer la mayor cantidad de sacrificios a Dios me haga estar molesto o triste... Tener la santa libertad de los hijos de Dios, gritando sin cesar *Abba Pater* y vivir en la alegría de Dios... No detenerse por un miedo instintivo que el demonio inspira siempre al comienzo de todas las buenas obras: "él obra por el miedo", y busca desviar del bien, en particular de la penitencia, por el miedo... "Dios ama a aquel que da con alegría".

RETIRO EN EFREM (1898)

DEL LUNES DESPUES DEL III DOMINGO DE CUARESMA AL LUNES DESPUES DEL IV DOMINGO DE CUARESMA

IGNORAMOS si Carlos de Foucauld hizo realmente este retiro en Efrem. Puede ser que meditando en su celda o en la capilla de Santa Clara de Nazaret se trasladara simplemente en espíritu a Efrem para escuchar las enseñanzas de Nuestro Señor, como si hubiera vivido en tiempos de su vida pública y gozado con los apóstoles y Santa Magdalena de la presencia del Maestro. Aquí sigue el consejo de San Ignacio: *Veré las personas del misterio que medito. Estaré en su presencia como un pequeño mendigo y esclavito, indigno de aparecer delante de ellas. Las consideraré, las contemplaré, las serviré en sus necesidades con la prontitud y el respeto de que soy capaz, como si me encontrase presente. En seguida reflexionaré en mí mismo para sacar algún provecho.* (Ejercicios espirituales. Segunda semana).

Lunes, tres de la mañana.—Mi Señor Jesús, gracias por haberme despertado; gracias por haberme llamado para velar con Vos entre la Santa Virgen y Santa Magdalena. ¡Qué bueno sois! Todo duerme todavía en la casa y afuera; sólo Vos veláis con vuestra Madre y vuestra fiel Adoradora... ¡Oh! ¡Qué bueno eres, Dios mío, por haberme hecho levantar y llamado a velar con Vos entre ellas! ... Vos estáis silenciosamente de rodillas; Vos rogáis a vuestro Padre, le contempláis, le ofrecéis los hombres por los cuales Vos habéis venido sobre la tierra; los que os rodean primeramente, después todos los demás, presentes y futuros. Vuestra Madre y Santa Magdalena están de rodillas cerca de Vos, bien cerca de Vos, junto a Vos, un poco retrasadas, de manera que os puedan ver y ellas se contemplen en Vos, no os pierden de vista; mudas, os adoran interiormente y su alma se abisma en Vos, en el amor de una adoración sin fin. El corazón está repartido entre la alegría y el dolor: tan pronto ellas gozan profundamente por sentirse tan cerca y a solas con Vos, por poseeros, por veros tan cerca de ellas en esta soledad y silencio; durante estas horas de calma, de paz y oración...; como otras veces, una visión sangrienta pasa delante de sus ojos, y ellas se preguntan dolorosamente: ¿dentro de veinticinco días dónde estará? Entre sus verdugos, ligado, abofeteado, golpeado, y, algunas horas más tarde, todo este Cuerpo bienamado que adoramos tan dulcemente no será más que una mancha de sangre. Será clavado en una cruz y morirá... Y entonces vuestro dolor, ¡oh Madre mía, oh Magdalena! , es tan grande como el mar; vuestros ojos se humedecen y vosotras, ángeles de paz, lloráis amargamente... ¡Oh Madre mía, Madre del Perpetuo Socorro, y Vos mi querida Santa Magdalena! , ponedme entre las dos durante estas horas de vela, os doy mi alma, hacédmela participar de vuestros sentimientos, de vuestro amor, de vuestros gozos y dolores; haced lo que os plazca, yo no os pido más que una cosa, una sola: ¡Servíos para hacer de ella lo que más consuele al Corazón de Nuestro Señor! ... Me entrego a vosotras para siempre, ¡oh Madres mías! ¡Que yo consuele a Nuestro Señor Jesús lo más posible durante.

todos los momentos de mi vida! ...

¡Oh Dios mío, gracias por estar a vuestros pies! ... *Deficit anima mea!* Vos sois divinamente bueno. Vos me amáis, ¿no es locura pensarlo? Vos, Dios perfecto, amarme, ¿a mí, criatura tan pobre y, ¡ay! , tan malo y cobarde, cayendo mil veces por día? No, esto no es locura, es verdad, es la verdad de vuestro Corazón divino, y vuestro amor está alejado de nuestros amores, y vuestro Corazón lejos de nuestros corazones... Sí, es verdad, Vos me amáis, aun siendo una nada y tan miserable como yo soy... Vos nos lo decís, dignaos decírmelo; eso basta... Pero, aunque no lo hayáis dicho, el solo hecho de hacerme levantar, de llamarme para velar con Vos, vuestra Madre y Santa Magdalena, ¿no lo prueba suficientemente? ¡Oh Dios mío, qué bueno sois! ¡Qué feliz soy! ¡Dios mío, os amo, os adoro, hacedme, Dios mío, con vuestra Madre y Santa Magdalena, perderme y abismarme en vuestra contemplación y vuestro amor! ...

Ocho de la mañana.—Estamos alrededor de Vos, de la Santa Virgen, Santa Magdalena, los Apóstoles y este ser indigno y miserable a quien Vos permitís estar a vuestros pies. La habitación está cerrada, ningún ruido de fuera llega, si no es el ruido de la lluvia. Abrís la boca y habláis, Dios mío... Todos os miran, os escuchan, ¡con qué amor y cuidado! ... Vos habéis dicho: Todavía pasaré ocho días en Efrem. Partiréis el martes próximo, de mañana en ocho días, para ir a Galilea, donde Vos no haréis más que pasar, pues del viernes en quince días estaréis de regreso en Betania, y del viernes en tres semanas, día de la inmolación de la Pascua, será también el día de la inmolación del Cordero de Dios (¡Oh Jesús!). ¿Qué decís Vos? ... Durante estos ocho días de retiro vais a repasar con vuestros hijos, que hacen círculo alrededor de Vos, los principales actos de vuestra vida... Vos sois el *camino, la verdad y la vida*. Vos seréis siempre por vuestra gracia y vuestros sacramentos *la vida* de las almas y entregáis siempre con largueza esta vida; en cuanto a la *verdad* y al *camino*, Vos lo habéis sido desde hace treinta años y continuaréis siéndolo en la tierra hasta la Ascensión. Pero entonces todo esto estará terminado; es necesario que la tierra viva de recuerdos hasta el fin de los tiempos. *Vuestras enseñanzas y vuestros ejemplos* están juntos todos a la vez y el *camino* y la *verdad*.

LA ENCARNACION

Ved, en esta Encarnación, *el amor por los hombres*, el amor que Dios tiene por ellos y, por consecuencia, el que vosotros debéis tener siguiendo su ejemplo para ser perfectos, como vuestro Padre celestial es perfecto... Este amor es activo; obra profundo, hace franquear de un salto la distancia que separa lo finito de lo infinito, empleando, para nuestra salvación, este medio externo inaudito, la Encarnación: El, Dios Creador, venir a vivir sobre la tierra.

(Cristo): *Ved esta abnegación* por los hombres y examinad cuál debe ser la vuestra... Ved esta *humildad* por el bien del hombre y aprended a rebajaros para hacer el bien e id primero a las almas, como Yo he sido el primero en ir a ellas..., a haceros pequeños para ganar a los demás, a no temer descender, perder vuestros derechos, cuando se trata de hacer bien a las almas; a no creer que descendiendo se cae en la impotencia de hacer el bien; al contrario; descendiendo se me imita; descendiendo se emplea, por amor de las almas, el medio que he empleado Yo mismo; descendiendo por *mi camino* y, por consecuencia, por la *verdad*, es el mejor modo para tener la *vida* y darla a los demás; pues el mejor puesto para esto es siempre mi imitación. Me pongo al nivel de las criaturas por mi Encarnación, al de los pecadores por la circuncisión y el bautismo: ***descenso, descenso, humildad, humildad...*** Descended siempre, humillaos siempre, que aquellos que son los primeros se consideren siempre por medio de la humildad y de la disposición de espíritu en la última plaza con sentimiento de descenso y de servicio... *Amor de los hombres, humildad, último puesto*, en tanto que la voluntad divina no os llame a otro, pues entonces es necesario obedecer; la obediencia ante todo..., la conformidad con la voluntad de Dios. Siendo el primero, estar en el último puesto por el espíritu, por la humildad; ocuparlo con espíritu de servicio, diciéndoos a vosotros mismos que no servís para otra cosa que para servir a los demás y que, asimismo, si les mandáis no hacéis más que servirles, puesto que lo hacéis con el fin de santificarlos.

MEDITACION SOBRE LA VISITACION

Evangelio según San Lucas, cap. I, v. 39.

"Apenas encarnado, había pedido a mi Madre llevarme a la casa donde va a nacer Juan, a fin de santificarlo antes de su nacimiento... Me he dado al mundo por su salvación, en la Encarnación... Antes de nacer trabajo en esta obra, la santificación de los hombres... Y animo a mi Madre a trabajar conmigo... No es solamente a Ella a quien animo a trabajar, a santificar a los demás desde que Ella me posee; es a todas las almas a quien me doy". Un día diré a mis Apóstoles: "Predicad", y les daré su misión y les trazaré sus reglas... Ahora digo a las otras almas, a todas aquellas que me poseen y viven escondidas, pero que no han recibido misión de predicar. Las digo: santificad las almas, llevándome entre ellas en silencio; a las almas de silencio, de vida escondida, viviendo lejos del mundo en soledad, les digo: "Todas, todas, trabajad por la santificación del mundo, trabajad como mi Madre, sin palabras, en silencio; id a establecer vuestros piadosos retiros en medio de aquellos que me ignoran; llevadme entre ellos y, estableciendo un altar, un tabernáculo, llevadles el Evangelio, no predicándole por la boca, sino predicándole por el ejemplo, no anunciándolo, pero sí viviéndolo. Santificad al mundo, llevadme al mundo, almas piadosas, almas escondidas y silenciosas, como María me llevó a Juan..."

Cinco de la tarde.—... El tiempo pasa, Dios mío; las horas corren...; aún no ha terminado el día, todavía una tarde por delante: ¡Ay, ay! ¡Qué pocos son los días que os quedan por pasar aquí abajo! ¡Cuán pocos días estaremos a vuestros pies! ... Dentro de veinticinco días, ¿dónde estaréis a esta hora? ¡Ay, Dios mío! No estaréis vivo, y ¡con qué dolores habréis salido de esta vida! Habéis venido aquí abajo por nosotros solos, Dios mío... Y los hombres no os han recibido cuando vuestro nacimiento y os harán salir violentamente del mundo, en medio de los más afrentosos tormentos... ¡De esta manera la tierra ha recibido a su Dios y los hombres a su Salvador y Creador! Es verdad que es para entrar en vuestra gloria por lo que os vais de la tierra... Es verdad que dejáis de ser el Hombre de dolores para ser el Rey de la gloria... ¡Dios mío, por qué exceso de tormentos vais a pasar antes de ocupar vuestro puesto a la diestra de vuestro Padre! ... Cuando habéis venido al mundo no se os ha recibido, todas las puertas de Belén se han cerrado cuando nacisteis... Hacía pocos días que habíais nacido y os han perseguido para haceros perecer... Durante los treinta años que han seguido no habéis encontrado la paz, más que escondiéndoos, o en país extranjero o en vuestro pueblo perdido entre las montañas, sepultado en el silencio o en la abyección... Desde que habéis salido del silencio, os han perseguido, los primeros vuestros conciudadanos; os han querido matar, y después de tres años predicando, no ha habido más que amenazas de muerte por todos lados, y he aquí que vais a permitir que ésta llegue, en efecto. ¡Ved cómo la tierra ha recibido a su Dios! ¡Y no la habéis maldecido, y cuando os vais lo hacéis bendiciéndola! Y la bendecís todos los días, y la bendeciréis millones de veces cada día hasta la consumación de los siglos. Y la colmáis y continuaréis colmando siempre de gracias magníficas... ¡Vos volveréis a ella, no solamente volveréis, sino que estaréis en la misma hasta la consumación de los siglos, no solamente en un sitio, sino en una multitud de sitios! Pero ahora es la hora de la partida, que va a sonar, ¡Dios mío! ¡Gracias por estar a vuestros pies! ¡Gracias de este retiro que me hacéis participar con la santa Virgen, Santa Magdalena, vuestros santos Apóstoles, vuestro último retiro, vuestros últimos viajes y días! ...

LA NATIVIDAD

Evangelio según san Lucas, cap. II, v. 7: "Y ella dio a luz a su primogénito, le envolvió en pañales y le puso en un pesebre..."

"He nacido por vosotros en una gruta, con frío, en el abandono, en medio de una noche de invierno, en una pobreza desconocida para los más pobres, en una soledad, en un abandono únicos en el mundo... ¿Qué es lo que enseño, hijos míos, por medio de este nacimiento? *A creer en mi amor*, Yo, que os he amado hasta el más allá, a confiar en Mí; Yo, que os amo tanto... Os enseño el *desprecio del mundo*, del cual Yo hago tan poco caso; la *pobreza*, la *abyección*, la *soledad*, la *humildad*, la *penitencia*... Os enseño a amarme, Yo, *tan amante*, que no me contento con darme al mundo en mi Encarnación, santificarle invisiblemente en la Visitación, sino que, no bastando a mi ternura, desde mi nacimiento yo me muestro a vosotros, me doy completamente, me pongo entre vuestras manos. Desde ahora podréis verme, tocarme, escucharme, poseerme, servirme, consolarme; amadme, amadme. Yo que estoy tan cerca de vosotros, que me entrego de tal manera a vosotros, que soy tan amante; Yo, que por inaudita bondad, no me doy a vosotros en mi nacimiento, por algunos días o años, sino que estoy entre vuestras manos para estarlo desde ahora hasta el fin de los tiempos... Considerad este gozo infinito que os doy por medio de mi nacimiento de poderme *servir*, servirme sirviendo a la Iglesia, sirviendo al prójimo, servirme a Mí, viviendo ahí cerca de vosotros, en el Tabernáculo... No solamente podéis servirme, sino que podéis *consolarme*. Yo he visto todos los instantes de vuestra vida, en todos los instantes de la mía, y mi Corazón humano, que os ama tan tiernamente, ha gozado o sufrido en todos esos momentos; gozado si ellos estaban consagrados al bien; sufrido si estaban empleados en hacer el mal. ¡Qué dicha para vosotros poder *consolarme* en todos los instantes de vuestra vida! ... Haciéndome como un niñito, Yo os digo suavemente: ¡Confianza, familiaridad! ¡No tengáis miedo de Mí, venid a Mí, tomadme en vuestros brazos, adoradme! Pero adorándome, dadme lo que los niños piden: besos; no temáis, no seáis tan tímidos delante de un niñito tan dulce que os sonríe y tiende los brazos. Es vuestro Dios, pero lleno de dulzuras y sonrisas; no temáis. Sed suma ternura, todo amor y confianza... Yo os digo también: ¡Obediencia! Obediencia no solamente *directa* a Dios, sino también indirectamente, obedeciendo por El, y como a El mismo, a todos los que os da como preceptores: Padres, superiores eclesiásticos, directores de conciencia, toda clase de superiores, cada uno en la medida en que Dios os pide obedecerle...

LA CIRCUNCISION

San Lucas, cap. II, v. 21: "Y habiendo llegado el octavo día, en que el Niño debía ser circuncidado..."

"Yo he querido ser circuncidado y he querido recibir el nombre de Jesús, Salvador; he querido tener el mismo rango que los pecadores para enseñaros la *humildad;* ved, hijos míos, cómo todos mis actos son lecciones de humildad; al que tanto tenéis necesidad de aprender y practicar todos los días de vuestra vida. Por orgullo, los ángeles se perdieron, por orgullo cayó Adán... Vosotros seréis siempre tentados de orgullo; hundíos en la humildad; ahí está la salvación... También he querido daros mil veces el ejemplo: Mi *Encarnación, humildad infinita, sin medida;* mi nacimiento, *humildad;* todo es humildad en Mí, Yo soy manso y humilde de corazón.

... Con la humildad he querido, en la Circuncisión, enseñaros la obediencia: la obediencia perfecta a todas las prescripciones de la Iglesia, grandes o pequeñas, obediencia sin discusión, sin segunda intención de utilidad propia, obediencia por obedecer.

... He querido enseñaros la penitencia y daros un poco el amor. La penitencia abrazando este dolor, el amor extraordinario aprovechando esta ocasión de derramar, desde el octavo día de mi vida, la sangre por vosotros.

... He querido ser llamado Jesús primeramente porque este nombre es la *verdad*, esta verdad que debéis tanto amar...; después porque es profundamente tierno y dulce y expresa a la maravilla mi *amor* por vosotros; en fin, porque es apropiado para inspiraros *confianza* en Mí para llevaros a tenderme siempre la mano como se tiende hacia su Salvador, a dirigiros siempre a Mí, con el más confiado y total abandono... Es esto lo que Yo quiero de vosotros... Yo me he hecho cien veces vuestro Padre... Aun siendo adorado como Dios, yo quiero de vosotros un amor de hijo y hermano: abandono y confianza..."

VIDA OCULTA

San Lucas, cap. II, v. 39: "... Ellos se volvieron a Nazaret, en Galilea, su ciudad..."

"Después de mi presentación y mi huída a Egipto, me retiro a Nazaret...; allí paso los años de mi infancia, de mi juventud hasta los treinta años... Es por vosotros, *por vuestro amor, por lo que lo hago...* ¿Qué es esta vida? Es para instruiros por lo que la vivo: durante esos treinta años no ceso de instruirme, no por palabras, sino por mi silencio y mis ejemplos. ¿Qué os enseño? Os enseño primeramente que se puede hacer bien a los hombres, mucho. bien, un bien infinito, un bien divino, sin palabras, sin sermones, sin ruido, en silencio y dando buen ejemplo... ¡Qué ejemplo! ... El de la piedad, el de los deberes para con Dios, amorosamente llenados; el de la bondad para con los hombres, la ternura hacia aquellos que nos rodean, los deberes domésticos santamente cumplidos; el de la pobreza, el trabajo, la abyección, el recogimiento, la soledad, la oscuridad de la vida escondida en Dios, de una vida de oraciones, de penitencia, de retiro, enteramente perdida y sumergida en Dios. Os enseño a vivir del trabajo de vuestras manos, para no ser una carga para nadie y tener de qué dar a los pobres, y doy a este género de vida una belleza incomparable... La de mi imitación...

Todos aquellos que quieren ser perfectos... Deben vivir pobremente, en la imitación la más fiel de mi pobreza de Nazaret... ¡Cómo predico en Nazaret la *humildad*, pasando treinta años en estos oscuros trabajos; la *oscuridad*, quedando durante treinta años tan desconocido. Yo, la luz del mundo: la *obediencia*, Yo, que he estado sometido durante treinta años a mis padres, santos, sin duda alguna, pero hombres, y Yo soy Dios! ... ¿Cómo podréis, después de haberme visto ser tan obediente durante tanto tiempo, a aquellos a quien no debía ninguna obediencia, pues Yo era el Señor Soberano, el Creador y el Juez, rechazar una *perfecta obediencia* a aquellos de quien Yo, vuestro Dios, os digo: "Quien los escucha me escucha?"

¡Qué desprecio de las cosas humanas, de las grandezas humanas de las maneras mundanas, de todo lo que el mundo estima: nobleza, riqueza, rango, ciencia, inteligencia, reputación, consideración, distinción mundana, bellas maneras! ¡Cómo rechazo todo esto lejos de Mí, para no dejar ver en Mí más que a un pobre obrero viviendo piadosamente en un tan gran retiro! ...

MEDITACION SOBRE LA TENTACION DE NUESTRO SEÑOR EN EL DESIERTO

San Lucas, cap. IV, v. 12.

"Yo he permitido al demonio tentarme en el desierto, y esto por vosotros, por vuestro amor, para vuestra instrucción; a fin, primeramente, que sepáis que se es más tentado en el desierto que en cualquier otra parte, y que aquellos que se retiran por mi amor a la soledad, no se sorprendan ni desanimen por la multitud de las tentaciones; a fin que veáis que la tentación no es pecado, puesto que yo mismo he sido tentado... Y tentado de cosas monstruosas (por consiguiente, no debéis entristeceros ni descorazonaros cuando lo seáis vosotros, ni desdeñéis a vuestros hermanos, ni los censuréis cuando ellos lo son); después, a fin que veáis cómo se resiste a las tentaciones; es necesario resistir en seguida desde que ellas se presentan, desde el primer instante. Un excelente medio de combatirlas es la de oponerles palabras de la Santa Escritura, las cuales tienen por su origen una fuerza divina..."

Miércoles, tres de la mañana. —¡Gracias, Dios mío, por haberme despertado y haberme hecho levantar! ¡Oh, Dios mío, en la tristeza, la opresión de corazón de los últimos días, la sola condición es la de estar frecuentemente a vuestros pies, miraros sin cesar; pero yo quiero olvidar mi consuelo, Dios mío; yo no quiero hacer nada por él, sino todo por el vuestro; el vuestro también, Dios mío, es que vuestros hijos estén lo más cerca posible y alrededor de Vos! Nos lo decís, si no a todos, al menos a muchos y de una manera especial a mí (¡y lo que yo os lo agradezco!). "Velar y rau conmigo", Santa Virgen, Santa Magdalena, ponedme entre las dos a los pies de Nuestro Señor... ¡Hacédmele mirar, orar con vosotras, tener nuestros ojos, mente y corazones despiertos! Todo descansa afuera... He aquí a Jesús delante de nosotros; El ora, adora a su Padre, ruega por los hombres, nos mira de tanto en tanto, dulcemente, para animarnos, sin salir de su oración. ¡Dios mío, os adoro! ... Hacedme pasar lo que queda de la noche, este día, todas mis noches y mis días dentro de vuestra contemplación y amor. ¡Oh, Dios mío! Vos estáis ahí, estáis delante de mí, ¿qué queréis que piense, qué queréis que os diga desde el fondo del corazón?

—Yo no te pido pensar mucho, pero sí amarme —me responde vuestro Espíritu—; adórame y ámame; mírame, dímelo y repítemelo que me amas sin cesar, que te entregas a Mí, que tú quieres que todos mis hijos me amen y se entreguen a Mí.

¡Todo duerme, todo reposa! ¡Oh, gracias, Dios mío, por haberme llamado para adoraros y amaros! Tened mis ojos abiertos y abrid las puertas de mi alma: hacedme perderme y sumergirme en el abismo de vuestra contemplación, vuestra adoración y vuestro amor.

MEDITACION DE LA VIDA PUBLICA

San Lucas, cap. IV, v. 42.

(Nuestro Señor): "Es así como he pasado delante de vuestros ojos los tres años de mi vida pública, pasando los días enteros instruyendo y curando, para hacer el bien a las almas primeramente y a los cuerpos después. Y al anochecer, ¿qué hacía? A esa hora me retiraba lejos de la multitud, a la que durante el día me había consagrado plenamente, y, buscando la soledad, me encerraba con vosotros en una casa hospitalaria o bien me iba a la montaña, sobre alguna cima desierta, y pasaba la noche en oración... De todas formas Yo pasaba la noche: en el silencio, en el recogimiento, separado de las multitudes, en vigilia y oración... Este es el ejemplo que os dejo. Es por vosotros por lo que obré así: Yo, que soy bastante fuerte, bastante dueño de Mí, para estar por todas partes como si estuviera a solas con mi Padre, puesto que le veo continuamente y estoy siempre con El, no tengo necesidad de soledad para recogerme, ni de silencio para orar, ni de oraciones especiales para unirme a El. En medio de las multitudes, hablando, estoy tan unido a El como en la más profunda soledad. Yo no tengo necesidad de meditar para conocerle, pues le conozco; no tengo necesidad de fortalecerme por medio de su contemplación, pues Yo soy divinamente fuerte... No tengo necesidad de soledad, ni de vigilia, ni de silencio, ni de oración, pues dentro de Mí la oración es continua y perfecta... Es para daros ejemplo por lo que he pasado tantas noches en una vigilia solitaria, rezando a mi Padre, bajo el cielo estrellado o en el secreto de una habitación cerrada... Puesto que hago esto por vosotros, amadme, pues, y amaros los unos a los otros. Y seguid mis ejemplos; dormid lo menos posible y pasad la mayor parte que podáis de vuestras noches en vela, en el recogimiento y el silencio, orando, contemplando, abismándoos en Dios..."

LA DEFENSA DE LOS DISCIPULOS

San Lucas, cap. V, v. 32.

"Acordaos, hijos míos, cómo os he defendido cada vez que los fariseos os hacían reproches o buscaban embarazaros con sus preguntas. Haced lo mismo... Defended a los buenos contra los malos, a los débiles contra los que les oprimen injustamente. Os he defendido por amor hacia vosotros y por amor hacia los hombres para personalmente llevaros a amarme por agradecimiento, a amar a vuestro prójimo para imitarme en lo que Yo haría para libraros de un mal inminente, de un peligro, o de una pena que os amenazara, para daros el ejemplo y *enseñaros a defender a vuestros hijos*, a vuestros hijos espirituales, a todos los inocentes, a todos los oprimidos, como Yo os he defendido... ¿He faltado alguna vez al deber de defender a los que eran atacados injustamente? Jamás, y no faltaré hasta el último suspiro... Yo defiendo a aquellos a quienes se ataca, aun contra vosotros, contra mis amigos: Yo defiendo a Magdalena contra su hermana... Soy fiel y no veo atacar a mis amigos sin tomar en seguida su defensa. Haced lo mismo, es una obra de caridad, una de las muestras del amor que debéis tener para con el prójimo..."

Jueves, tres de la mañana.— ¡Oh, qué dulce es estar a vuestros pies, entre la Santa Virgen, Santa Magdalena; entre vuestros santos Apóstoles, que también se han levantado y velan silenciosamente, mirando y orando! ... Las horas pasan y Vos oráis siempre, contempláis a vuestro Padre y le pedís por vuestros hijos... Esta última oración es corta, pues siempre es escuchada y omnipotente: vuestro Padre os escucha siempre, hace todo lo que deseáis y Vos no pedís más que aquello que El quiere: una palabra basta para pedirlo. Le ponéis las cosas delante de los ojos por un simple movimiento del alma, orando con pocas palabras, Aquel que escucha plenamente todas vuestras palabras y con el que Vos no formáis más que uno... Pero la contemplación de sus bellezas es larga, en Vos el acto de amor dura largo tiempo...; esta contemplación es amor; esta adoración, la eternidad entera, no será demasiado para dedicaros a la misma: ella llena para Vos los siglos eternos: las horas de una noche son muy poca cosa y pasan como un relámpago en esta celestial ocupación... Vos contempláis a Dios, inmóvil, tanto de rodillas como sentado, pasando de cuando en cuando una tierna mirada sobre estos hijos de Dios, estrechados alrededor de Vos y sobre sus ángeles guardianes que os adoran. Vos contempláis a Dios; María Magdalena y los Apóstoles le contemplan también, pues ellos os miran; sus ojos no se separan de su Bienamado. Rezan en silencio, los ojos fijos en Vos, el Todo de su alma en el que el pálido y dulce rostro está débilmente iluminado por la tenue luz de una lamparilla. Os miran, y la mayor parte se pierden en esta contemplación vulgar, abismándose a vuestros pies sin otros pensamientos, pero os miran y adoran con todo el amor de su corazón. Algunos sienten, mirándoos, elevarse dolorosos pensamientos en su alma... Este Jesús Bienamado, este Dios bendito, este Maestro querido, ¿cuánto tiempo le veremos aún entre nosotros? ¿Cuántas noches pasaremos todavía así a sus pies en esta dulce oración? Dentro de tres semanas, a esta hora, le quedará un día y medio de vida. ¡Oh dolor de los dolores! Y dolor mil veces mayor, ¿en medio de qué tormentos saldrá El de esta tierra, que no le ha recibido, que le echa, que no ha tenido para El en toda su vida más que persecuciones? ¡Oh, Dios mío!, si tenéis tantos enemigos y verdugos y tan pocos amigos, haced al menos que éstos os sean fieles, que sean animosos, ardientes en serviros, no retrocediendo delante de nada de lo que os pueda gustar, de lo que os es agradable que ellos hagan, para que estén dispuestos a todo por vuestro amor y servicio.

CURACION DEL HOMBRE DE LA MANO SECA EN UN DIA DE SABADO

San Lucas, cap. VI, v. 10.

(Jesús): "Acordaos del valor con el cual, en medio mismo de mis enemigos, mientras que ellos conspiraban para perderme, proclamé en su cara, gritándole bien alto, la doctrina de la verdad, y verdades que Yo sabía que ellos odiaban y les eran insoportables... Acordaos con qué valor hacía delante de ellos y en medio de los mismos, milagros, curaciones, actos que les enfurecían y les hacía jurar mi muerte... Lo he hecho por vosotros, por vuestro bien, a fin de predicar la verdad bien alto y a fin de dar a todos los hombres una lección de valor en el cumplimiento de los deberes religiosos en particular; a fin de dar a los pastores de almas una lección de valor en la predicación. No ocultéis la verdad, cueste lo que cueste; si sois mártires, tanto mejor; reinaréis más pronto conmigo en la casa de mi Padre... Pero acordaos del ejemplo que os doy. Yo soy la luz; no tengo derecho a ocultarme bajo el celemín; es necesario que ilumine a los hombres, aunque sea a pesar de ellos, hasta que mi Padre haga sonar la hora de mi descanso; lo mismo que a vosotros, pastores de almas, os he puesto sobre el candelero, estáis obligados a iluminar a los hombres, quieran o no; estáis obligados a sembrar la semilla que os he confiado, de pregonar sobre los tejados la doctrina que Yo os he dicho al oído; gritad, sembrad, predicad, hacedlo para obedecerme; hacedlo con una alegría tanto más dulce que si lo hiciereis, no solamente para obedecerme, sino por imitarme... Que se os escuche o no, predicad sin descanso y rogad siempre para que vuestras palabras den fruto; si ellas no lo dan, continuad sin tristeza ni desánimo, con un cierto gozo de esta falta de éxito, pues no teniéndolo participáis de mi suerte..."

LAS BIENAVENTURANZAS

"Bienaventurados los que tengan la pobreza de espíritu; que no solamente rechazan los bienes materiales, lo que es ya el primer grado, sino que suben más alto y vacían completamente su alma de toda atadura, de todo gusto y deseo que no conduzcan a Mí como fin... Esta pobreza de espíritu hace el vacío completo en el alma, vaciándola del amor de las cosas materiales, del amor del prójimo, del amor propio, echando de ella todo absolutamente y no dejando más que un lugar enteramente vacío que Yo ocupo entero... Yo, entonces, les devuelvo divinizado este amor de las criaturas materiales que ellos han expulsado de su alma para dárseme a Mí enteramente... Habiendo expulsado de su alma estos amores, sólo Yo ocupo su alma vacía de todo y llena de Mí; pero en Mí y por Mí, ellos comenzarán de nuevo a amar todas estas cosas, no para ellos ni por ellas, sino por Mí; esto será la caridad ordenada. Amarán a todas las criaturas por Mí, y no amarán a ninguna por ella misma, pues me deben todo su amor, y deben perderse en Mí y no tener nada que no sea por y para Mí, tanto el amor como las otras cosas. ¡Bienaventurados aquellos que serán tan pobres de espíritu, tan vacíos de todo y tan llenos de Mí! ..."

"¡Bienaventurados aquellos que tienen hambre!" Aquellos que tienen hambre de justicia, del reino de la justicia sobre la tierra, de mi Reino sobre la tierra, de mi gloria; hambre de verme glorificado por todas las almas; hambre de ver mi voluntad perfectamente cumplida por todos los hombres..." Tened, pues, siempre este gran deseo de la justicia, de verla perfectamente cumplida por vosotros mismos y por todos los hombres; el deseo de ver la voluntad de Dios perfectamente hecha por vosotros y por todos los hombres; el deseo de vuestra perfecta santificación y de la perfecta santidad en todos los santos, ¡ésta es el hambre que aprisiona mi pobre corazón! ... Tenedla cada vez más, no por vosotros ni por los hombres, sino por Dios, por amor de Dios... ¡Bienaventurados seréis entonces vosotros, pues estaréis perfectamente unidos a mi propio Corazón! ...

"Bienaventurados los que lloran porque son desgraciados, pobres, en duelo, enfermos, sufriendo del cuerpo o del alma, probados de cualquier forma; bienaventurados porque estos sufrimientos los desatan del munde la tierra y les llevan a elevar los ojos hacia Mí y a atarse a Mí... Más dichosos aún aquellos que lloran sus pecados... Más todavía los que lloran de tristeza de no verme y estar exilados en este valle de lágrimas, lejos de Mí... Todavía más dichosos aquellos que lloran mis dolores, mi Pasión, todos los sufrimientos que Yo he pasado sobre la tierra... Y más dichosos que todos, aquellos que lloran por puro amor, que lloran porque me aman, sin otra causa; que lloran no de dolor ni de deseo, sino solamente porque pensando en mí, todo su corazón se derrite y no pueden retener sus lágrimas.

¡Dichosos aquellos a quienes los hombres odian y persiguen por mi causa! Dichosos, sí, pues ellos me imitan, ellos tendrán parte en mi suerte... Como verdaderas esposas, participarán plenamente de la suerte de su Esposo... Dichosos, pues ¿qué cosa hay más dulce que sufrir por quien se ama? ¡Bienaventurados, pues ellos tendrán este doble gozo, sufriendo con su Bienamado y por Él! ... dichosos, pues por sus mismos sufrimientos se acrecentará su amor por Mí: crecerá en la medida de los sufrimientos que sufrirán por Mí, y este amor creciente no será pasajero, sino durable; durará por el tiempo y la eternidad... ¡Oh, bienaventurados aquellos que sufren persecución conmigo y en los que el amor crece sin descanso durante estas persecuciones! ¡No rechacéis, no temáis jamás las penas, los odios, las persecuciones sufridas por Mí: recibidlas, al contrario, con alegría, con bendiciones, con acciones de gracias, reconocidos a Dios y a los hombres, agradeciéndomelas en el fondo del corazón, rogando por vuestros enemigos y verdugos, uniéndoos vosotros, ángeles terrestres, a sus ángeles de la guarda, para pedirle su conversión y regocijándoos en el fondo del corazón de haber sido juzgados dignos de sufrir humillaciones y sufrimientos por mi amor! No olvidéis que es así como yo trato a todos aquellos que amo con predilección: así he tratado a los patriarcas y a los profetas, así como trataba y traté a mi Madre, así traté a mi amado padre José, así os trataría Magdalena, Pedro, Juan, Santiago, todos vosotros, mis bienamados... Y así, sobre todo, me trataría a Mí mismo, Yo, que debo ser el primero en todo... ¡Y cómo bendeciré el fin de estos dolores!... Cuanto más habréis amado y sufrido en este mundo, cuanto más hayáis sido perseguidos por Mí, mejor me veréis y me amaréis eternamente en el otro...

Cinco de la tarde.—Dios mío, hablad, vuestro servidor escucha: entre la Santa Virgen y Santa Magdalena, delante de vuestros Apóstoles, que hacen un círculo, yo estoy aquí, empequeñecido, acurrucándome, mirándolos y escuchando...

—Amad a vuestros enemigos... Bendecid a los que os maldicen, haced bien a aquellos que os quieren mal... Si os arrancan vuestro manto, dad también vuestra túnica... Dad a cualquiera que os pida... Haced a los otros lo que quisiereis que os hicieran a vosotros... Sed misericordiosos... No juzguéis y no seréis juzgados... Perdonad y Dios os perdonará... No miréis la paja de vuestro hermano, sino vuestra viga...

Todos estos mandamientos son los mandamientos de la caridad, hijos míos; no os pueden sorprender; comprenderéis una vez para siempre que todos los hombres no son más que una sola y misma familia en la que Dios es el Padre común. Creador, Conservador, Padre de todos del mismo modo: El ama a todos los hombres incomparablemente más que el padre más tierno amaría a sus hijos... Y El quiere que entre sus hijos y fieles, todos sin excepción tan tiernamente amados, reine la concordia, el amor, la ternura, si es necesario la indulgencia y la dulzura, pronta siempre a ceder, como un padre quiere reinar entre sus hijos... Es así como El quiere que cedamos los unos a los otros, que nos ayudemos mutuamente sin medida, que cada uno ceda de su derecho, en lugar de reclamar nada; que se ceda ante el hermano injusto, para corregirle por medio de la dulzura y mantener la paz en la familia; rogando especialmente por él, a fin de que se corrija... En fin, ved toda esta serie de recomendaciones que os hago; no tienen otro fin que el de mantener la paz y el amor entre todos los hermanos que componen la familia humana... Guardad siempre todas estas prescripciones y tened en el fondo del alma grabado profundamente este principio, del cual manan todos: todos los hombres son verdaderamente *hermanos* en Dios, tu Padre común, y Dios quiero que ellos se miren, se hablen se traten siempre como hermanos unidos por el lazo de la ternura.

Y compadeceos los unos de los otros; ved cómo Yo he tenido compasión de vosotros, cómo sufro, tengo piedad, compasión de todos los dolores, cómo suspiro con aquél, cómo lloro con el otro. Tengo compasión de sus duelos, de sus enfermedades, de sus inquietudes, de su hambre, de sus fragilidades y de su ignorancia; no solamente hago bien a las almas y a los cuerpos, sino que mi Corazón tiene piedad, una compasión profunda por todos los males del alma y del cuerpo... La compasión forma parte del amor en todo corazón mortal y en todo amor humano...

LA TEMPESTAD APACIGUADA

San Lucas, cap. VIII, v. 24.

"Hijos míos, en cualquier cosa que os ocurra, acordaos que Yo estoy siempre con vosotros... Acordaos que visible o invisiblemente, pareciendo obrar o pareciendo dormir u olvidaros, velo siempre; que estoy en todas partes y soy omnipotente. No tengáis nunca temor alguno, ninguna inquietud: estoy ahí, velo siempre, os amo (no dudéis más de mi amor); Yo soy todopoderoso... ¿Qué más os es necesario? Todo lo que os ocurra es por permisión o voluntad mía, por permisión o voluntad de mi amor, para que saquéis mayor bien, un bien que yo mismo os ayudo a sacar por medio de mi gracia... No temáis, pues, nada, pues nada os puede ocurrir sin mi permiso... No os aflijáis por nada, al menos por un dolor que sobrepasa esos sentimientos de sensibilidad instintivos, rápidos y pasajeros, que son consecuencia de la naturaleza y de los sentidos, sino conformad vuestra voluntad con la mía...

Acordaos de estas tempestades que Yo he calmado por medio de una palabra, haciéndola seguir de una grandísima calma... Acordaos cómo he sostenido a Pedro, andando sobre las aguas... Yo estoy siempre tan cerca de cada hombre como lo estaba entonces de vosotros y dispuesto asimismo a ayudarle, a socorrerle en todo lo que sea por el bien de su alma. Tened confianza, fe, valor; vivid sin inquietud por vuestro cuerpo y alma, puesto que Yo estoy con vosotros, todopoderoso y amándoos. Pero no olvidéis que Yo estoy allí y que vuestra confianza no nace de la indiferencia, de la ignorancia de los peligros ni de la confianza en vosotros o en otras criaturas; no, vuestra situación es muy grave, pues que no tenéis más que algunos años, algunos días, para ganar una bienaventurada eternidad o merecer el fuego eterno... Los peligros que corréis son inminentes: los demonios, fuertes y astutos enemigos; vuestra naturaleza, el mundo os hacen constantemente una encarnizada guerra; no tengáis ninguna confianza en vosotros mismos; repasad en vuestro pensamiento vuestros pecados diarios, y este examen del pasado os mostrará profundamente lo que podéis hacer en actos de virtud, vuestro espíritu y todo lo que os es personal; en cuanto a los demás, no podéis contar con ellos; no pueden ni hacer nada por vosotros ni salvaros, a pesar vuestro, y sin Mí son tan impotentes como vosotros... ¡Oh! En esta vida la tempestad es continua, y vuestra barca está siempre próxima a zozobrar... Pero Yo estoy allí y conmigo ella es insumergible; desconfiad de todo, y sobre todo de vosotros mismos, pero tened en Mí una confianza completa que destierra la inquietud..."

Ocho de la tarde.—¡Dios mío, he aquí el retorno de la hora del silencio! La noche envuelve la tierra, el cielo está negro y cubierto de nubes, no se oyen más ruidos que un canto lejano... ¡Qué triste es este canto que sale de cualquier casa mundana y que trae el viento! ... ¡Qué falso es! ... ¿Cómo puede ser bueno el grito que lanza la naturaleza humana cuando no está divinizada por Vos, Salvador mío? Este canto, que querría ser un canto de alegría, y que, a pesar suyo, es tan lastimero, es la música de los placeres humanos, que cuanto más hacen por ser alegres, más están llenos de lágrimas. ¡Oh, qué dichosos somos, mi Salvador Jesús, al poder estar tan lejos de este triste mundo del cual apenas nos llega un eco lejano con las ráfagas del viento! ¡Qué bueno es encerrarse cerca de Vos en esta habitación bien cerrada, entre vuestra Santa Madre, Santa Magdalena y vuestros Apóstoles; miraros, contemplaros, escucharos, y ahora que la noche avanza, quedar silenciosos a vuestros pies, entre estas santas almas y perdiéndome con ellas en vuestra contemplación! ... Señor Dios y Dios mío, ¿dónde estaréis dentro de tres semanas? ¡Ay, ay! A esta hora tendrá lugar vuestra comida pascual, vuestra última Cena... A esta hora estaréis ya en algunos momentos de vuestra agonía, de vuestra prisión... ¡Oh Dios, hacedme pasar esta noche que dentro de tres semanas, en tal día como hoy; será tan lamentable, de tal manera que pueda consolaros lo más posible! ...

MULTIPLICACION DE LOS PANES

San Lucas, cap. IX, v. 16.

(Cristo): "Hijitos míos, acordaos que entre todos los milagros que he hecho en vuestra presencia, algunos han tenido un sello particular... Han sido la figura de un gran misterio... Os he explicado, así como a la multitud, algunas cosas de este misterio en Cafarnaún, y estas verdades han sorprendido tanto a los hombres, que la mayor parte no me han creído y muchos de mis discípulos se han apartado de Mí, y desde entonces han dejado de seguirme. Quiero hablar de la multiplicación de los panes, que es un presagio del Sacramento de mi

Cuerpo y Sangre que Yo instituiría la víspera de mi muerte, en la última hora y en la última comida que haré y tomaré con vosotros... Yo no puedo decidirme, hijos míos, a separarme de vosotros completamente... No quiero dejaros huérfanos... Os dejaré a esta misma hora, de hoy en tres semanas, pero volveré pronto entre vosotros, resucitado primeramente hasta mi Ascensión, y después en el Santísimo Sacramento del altar hasta el fin de los tiempos... Así, aun y todo subiendo al Cielo, quedaré en la tierra y estaré entre vosotros hasta la consumación de los siglos... Lo haré porque sois *fríos*, para haceros *ardientes*, *fervorosos*, *amantes* y *tiernos* por medio de mi presencia, de la visión de mi amor; ya que sois *frágiles*, para haceros *fuertes* y *animosos*, por el sentimiento de mi presencia, por la caridad de que Yo estoy siempre con vosotros...; ya que estáis sin esperanza y sin confianza, para daros *esperanza y confianza*, a la vista de mi amor por vosotros, de mi familiaridad con vosotros...; ya que estáis tristes y desanimados, para volveros *dichosos*, *alegres y llenos de alegría*, por el gozo de estar a los pies, de rodillas, de vuestro Bienamado, de estar sin cesar en su presencia...; ya que os dejáis llevar por las cosas materiales, exteriores, mundanas y pasajeras, por lo que concierne a vuestro cuerpo, para que, al contrario, no os ocupéis más que de cosas *espirituales*, *internas*, *celestiales y eternas*, *concernientes a vuestra alma*; atrayéndoos a mi Iglesia por medio de mi presencia; haciéndoos pasar los días al pie de mis altares, por devoción a mi presencia, llevándoos a orar, a dirigiros a Mí, que me sentiréis tan cerca de vosotros en el Tabernáculo; llevándoos a pasar los días enteros en contemplación delante de la santa Hostia, que sabéis que soy Yo, verdaderamente Jesús, a quien amáis... Esto no es todo; dándoos este Pan celestial, no me pongo solamente delante de vosotros para ser adorado, aunque esta sola presencia sea ya un bien infinito, un don divino, perfecto, el Todo; dándoos así mi presencia en vuestros sagrarios hasta el fin de los siglos no os hago una primera donación infinita..., sino que os hago otras dos infinitas también... Yo me doy a vosotros en segundo lugar para ser vuestro alimento y en tercer lugar para ser ofrecido por vosotros en mi nombre como sacrificio a mi Padre..."

LA DULZURA

San Lucas, cap. IX, v. 56.

"Otra virtud que os he frecuentemente recomendado por medio de mis palabras, y mucho más todavía por mis ejemplos, es la *dulzura*; es por vosotros, por vuestro propio bien, por lo que os la he predicado tantas veces... Practicar esta *dulzura en vuestros pensamientos*, alejando, echando como si fueran inspiraciones del diablo, cualquier pensamiento de amargura, dureza, rigidez, violencia, cólera, rencor, de antipatía y de juicio severo sobre aquellos de los cuales no estáis encargados; acoged y alimentad pensamientos dulces, tiernos, caritativos, los pensamientos de simpatía, de bondad y de agradecimiento... Enterneceos pensando en el amor que debéis tener por los hombres, hijos míos y bienamados hermanos vuestros; el agradecimiento que debéis tener a todos, y que a todos os hacen algún bien por medio de la Comunión de los Santos, por la gloria que todos me dan, de buen o mal grado, a Mí, vuestro Bienamado. En todos los hombres tenéis amigos tiernos y poderosísimos, pues tenéis con ellos continuamente a sus buenos ángeles. Sed como la miel, ternísimos, pacíficos en vuestros pensamientos... Y sedlo al mismo tiempo en vuestras palabras... Si a veces, por razón del deber, os veis obligados a pronunciar palabras severas, en ese caso, que vuestra misma severidad deje ver, como a través de un velo transparente que cubriera un fondo de eterna dulzura, que aquélla no es más que pasajera y que terminará tan pronto lo pida el bien de las almas a quien se dirige, y que se disipará para dar lugar a la dulzura".

EL MAYOR MANDAMIENTO

"A menudo, hijitos míos, se me ha pedido cuál era el mayor Mandamiento; Yo siempre he respondido: el primer Mandamiento es amar a Dios con todo tu corazón, con toda tu alma, con toda tu mente, con todas tus fuerzas... El segundo es el de amar al prójimo como a ti mismo. ¿Qué es amarme así, hijos míos? Es amarme totalmente, por encima de todo, tanto como podáis, tanto como os lo permita la gracia que Yo os doy... ¿Y qué es amar? Amar representa muchas cosas que difieren según lso caracteres y las gracias de Dios. Dios da tanto un sentimiento como otro, hace sentir a ciertas almas tal o cual cosa; hace sentir a otras un sentimiento determinado en un momento, y en otro momento otro diferente, y todo con intensidades distintas; estos sentimientos forman parte del amor, siendo los efectos reales; pero nosotros los sentimos más o menos, según la voluntad de Dios, su gracia y la fidelidad en recibir esta misma gracia. Entre estos sentimientos que se pueden llamar innumerables y que forman parte del amor, se pueden contar, sobre todo, *el deseo de ver, de conocer, el deseo de poseer* al Bienamado; *el deseo de ser amado de El el deseo de agra-*

darle, de hacer el bien, de alabarle, la admiración, el deseo de imitarle, de que El os muestre su aprobación, de obedecerle en todo, de verle feliz, el deseo de verle en posesión de todo lo que es bueno, lo que es venturoso para El; el deseo, en una palabra, de todo lo que sea bienestar; el deseo de sufrir por y con El, de tomar parte en sus trabajos, en su vida, en sus situaciones, de conformar enteramente su alma con la suya, el de darse a El, no vivir ni respirar más que por El, el de trabajar por su servicio, el dolor de sus sufrimientos, la alegría de su gozo, el dolor de las cosas que le causan pena, de conformidad con El, también la alegría de las cosas que le regocijan..., etc., etc. Todos estos sentimientos son efectos del amor; pero no todos son el amor; uno solo entre ellos es verdaderamente la esencia del amor: *es aquel que consiste en desear apasionadamente, y por encima de todo, de tal manera que el resto no cuente como nada... Que no se viva más que por el cumplimiento de este solo deseo..., el bienestar del Ser Amado...*

Y os he dicho que el segundo Mandamiento es el de *amar al prójimo como a ti mismo...* En efecto, para amarme perfectamente, habéis hecho el vacío total de vuestra alma, no habéis dejado nada, ni cosas materiales, ni al prójimo, ni a vosotros mismos; os habéis vaciado de todo y Yo reino solo, llenándola enteramente... Pero, una vez que Yo reino plenamente y solo en vosotros, me establezco en vuestra alma y coloco todo lo que quiero y veo, como un propietario coloca en su casa el mobiliario cuando quiere. Yo coloco mis virtudes, mi bondad, y la primera de las cosas que coloco en esta casa que es vuestra alma, y que habéis hecho mía, que Yo quiero y que os pido conservar para Mí, por y para mi uso, para obedecerme, es el amor a todos los hombres, el de vosotros mismos y el de los demás.

Amor por todos al mismo nivel, puesto que sois míos y un amor grandísimo por todos (vosotros comprendidos entre los demás), porque me sois muy queridos, como os lo he probado, hijos míos, y por todas las gracias de las cuales los hombres se han visto colmados desde el origen del mundo, y por la gracia incomparable de la Encarnación, de mi vida entera, y por encima de todo, por lo que aún le queda por dar y sufrir por vosotros, ¡mis hijos bienamados, hijos de mi Corazón! ..."

Sábado, nueve de la noche.—He aquí que ha llegado la noche. El viento sopla como un huracán, de cuando en cuando la lluvia le acompaña...; todos los ruidos se han callado, no se siente más que el viento que sopla, y la lluvia que cae... Vos oráis inmóvil y silencioso, una lamparilla alumbra a vuestro rostro, tan hermoso, pálido, tranquilo y pensativo... Cerquísima de Vos, la Santísima Virgen, Santa Magdalena están de rodillas y oran... Vuestros Apóstoles están ahí también, silenciosos, recogidos, orando; todos os miran sin que los ojos se cansen de veros. ¡Ponedme con ellos a vuestros pies, Dios mío!

LA ORACION

San Lucas, cap. XI, v. 13.

(Nuestro Señor): "Me habéis pedido más de una vez cómo es necesario orar, hijos míos, y Yo os lo he hecho ver... La oración es la conversación con Dios, es la llamada de vuestro corazón a Dios. Es necesario, pues, que ella sea una cosa absolutamente natural, absolutamente verdadera, la expresión de lo más hondo de vuestro corazón... No son los labios los que deben hablar, no es vuestra mente, es vuestra voluntad... Vuestra voluntad extendiéndose, manifestándose en toda su bondad, su desnudez, sinceridad, sencillez, a su Padre y presentada por vosotros mismos delante de El, he aquí lo que es la oración; esto no pide frecuentemente ni mucho tiempo ni muchas palabras y pensamientos; esto varía: unas veces será un poco más larga, otras más corta... Según los deseos de vuestro corazón...; si ellos son sencillos, una palabra bastará para expresarlos; si son más complicados, os serán necesarias algunas frases para expresarlos... De todas formas, es el estado de vuestro corazón el que expresáis...; el estado del corazón, con sus imperfecciones, sus desordenadas ataduras, no es el estado de vuestro corazón rectificado por vuestra voluntad, el estado del corazón, tal como queréis que sea, suprimiendo todo lo que no admitís, lo que os repugna; la oración es, pues, la petición de lo que queréis, de lo que deseáis con la ayuda de la gracia, de lo que queréis para Dios.

Orad así, velad todo lo que Yo quiero, sólo lo que quiero, como lo quiero y en la medida en que lo quiero: "¡Padre mío, que se haga vuestra Voluntad!" Esta es la oración que haréis eternamente en el Cielo...

Todo lo que desea Dios, y, por consiguiente, todo lo que deseáis, lo que quiere Dios y lo que queréis, se encuentra comprendido en estas palabras: "Padre, que se haga vuestra Voluntad..."

La oración es la conversación del alma con Dios, es el estado del alma, que mira a Dios sin una palabra, únicamente ocupada en contemplarle, diciéndole que ella le ama, por sus miradas, todo y teniendo mudos los labios y el pensamiento... *La mejor oración es aquella en la que hay más amor.* Es tanto mejor cuanto más cargadas de amor están las miradas del alma, cuanto más tiernamente y amorosamente se siente el alma delante de Dios. La oración, en la acepción más amplia de la palabra, puede ser o una contemplación muda o una contemplación acompañada de palabras... Palabras de adoración, de amor, de ofrenda de sí mismo, de donación de todo su ser; palabras de acción de gracias, de la felicidad de Dios, de los favores hechos a uno mismo y a las otras criaturas... Palabras de sentimiento, de reparación de los pecados propios o de los demás... Palabras de petición...

Hijos míos: en la oración lo que Yo quiero de vosotros es el amor, el amor, el amor.

Además del tiempo que debéis consagrar cada día únicamente a la oración, debéis durante el resto de vuestras jornadas elevar lo más frecuentemente que os sea posible vuestra alma hacia Mí; según el género de vuestras ocupaciones, podéis, entregándoos a ellas, o bien pensar constantemente en Mí, como ocurre en algunos trabajos puramente manuales, y en el caso que no podáis levantar los ojos hacia Mí de cuando en cuando, que esto sea lo menos a menudo posible. Sería bien dulce y justo poderme contemplar sin cesar... No perderme de vista nunca; pero esto no es posible en este mundo a los hombres ordinarios; no lo podréis hacer más que en el Cielo. Lo que podéis y debéis hacer es, durante el tiempo que empleáis en otras ocupaciones que no sea la oración, levantar los ojos del alma hacia Mí, tan a menudo y amorosamente como podáis, y aun trabajando, guardar mi pensamiento en vuestra mente, cuanto os sea posible, según vuestro género de trabajo... De esta manera oraréis sin cesar, continuamente, tanto como esto es posible a vosotros, pobres mortales.

Orar es, sobre todo, pensar en Mí, amándome... Cuanto más se me ama, más se ora. La oración es la atención amorosa del alma fijada en Mí: cuanto la atención es más amorosa, mejor es la oración".

LA SANTIDAD

San Lucas, cap. XII, v. 48.

"Y vosotros, mis queridos, mis favoritos, mis privilegiados, mis bienamados entre todos, mis elegidos, acordaos de esta frase tan grave que os he dicho: "Será pedido más a aquel que más ha recibido". Para vosotros es por lo que la he dicho, mis escogidos, a quienes ya os he dado todo, vosotros, los que habéis recibido tantas y tantas gracias... Cuanto más hayáis recibido, más os será pedido... La cantidad de los favores que os he hecho es el signo que Yo mismo os doy de la calidad de la santidad que pido de vosotros... No tengáis, pues, la locura de creer que es orgullo por vuestra parte desear, esperar, querer llegar a una grandísima santidad; eso no es orgullo, sino, al contrario, un deber y obediencia. Las gracias con que os he colmado y que sin ingratitud no podéis dejar de agradecerme, es una orden precisa por mi parte de aspirar a una grandísima santidad. Conceder muchas gracias a un alma por parte mía es como si la dijese: "Yo quiero que tú seas muy santa..., te pediré cuentas de estas grandes gracias que te he dado..."

Por poco que tengáis una sombra de razón, mis gracias, mis favores, acumulándose sobre vosotros, no harán más que crecer en vosotros la humildad y el temor. En vez de enorgulleceros, más recibiréis, más seréis llenos de temor, si os humillareis con el conocimiento de vuestra profunda bajeza. Lo que sería de temer más que el orgullo, si tenéis buen sentido, es el desánimo y, en efecto, éste llegaría si no os hicieseis un deber, el de esperar siempre, a pesar de todo, de creer en mi misericordia infinita y de echaros sin duda alguna en mi Corazón, por más miserables que os sintáis, como el Hijo pródigo se echa sobre el corazón de su padre".

CUARTO DOMINGO DE CUARESMA

Seis y media de la tarde. El día adelanta, Dios mío. ¡Ay! , este día en Efrem está ya casi terminado... ¡Qué de prisa pasa el tiempo! Dentro de tres semanas, a esta hora, habréis resucitado, ¡qué palabras! , ¡qué deslumbramiento! Dichoso, bienaventurado, infinitamente glorioso para la Santa Trinidad; todos vuestros sufrimientos, todos vuestros trabajos estarán terminados... Por toda la eternidad, Vos seréis el Rey de la Gloria... ¡Con qué impaciencia y qué alegría veré llegar ese día, mi Bienamado, si Vos no hubierais atravesado para llegar a él tales sufrimientos! Pero ¡ay! Es por medio de estos dolores por los que Vos debíais entrar en vuestra gloria, por lo que mi corazón se hiela y por lo que no puedo pensar sin que el frío de la muerte me envuelva... ¡Oh, mi Señor Jesús, será un viernes vuestro último día: del viernes próximo en quince días! ... ¡Cómo se acerca! Que todos vuestros hijos os consuelen durante todos los días de mi vida! ... ¡Que todos vuestros hijos os consuelen lo más posible! ... ¡Que vuestra voluntad se haga en todo! ... Amén.

EL CAMINO DERECHO

"Entrad por la puerta estrecha, pues la ancha lleva a la perdición..." Es decir, entrar por el camino de la mortificación, de la obediencia, sobre todo, y el de la penitencia, pues el camino contrario, el del relajamiento, el de la vida muelle, cómoda, independiente, lleva al infierno... Tenéis, entre muchos escollos que evitar en la vida, los que tantas veces os he señalado, diciéndoos: "Evitad la levadura de los fariseos y de los saduceos..." *El escollo de los fariseos* es aquel que consiste

en buscar la perfección, pero poniéndola en las observancias puramente exteriores, en minucias, en formalidades, en lugar de ponerla en la práctica de las virtudes y en la imitación de mis ejemplos. Este escollo nos hace caer en la hipocresía, en los juicios temerarios y en la dureza de corazón, abismo donde el alma zozobra...
El escollo de los saduceos es el relajamiento que, bajo el pretexto de poner la virtud en la santidad interior del alma, rechaza toda práctica exterior; todo lo que fatiga al cuerpo declara como inútil la mortificación; se convierte uno entonces en esclavo de sus sentidos, incapaz de someter su cuerpo y su alma a ninguna obediencia y se rechaza todo lo que es cruz y humillación.

"Yo os trazo el camino entre los dos escollos diciéndoos: "Tomad el camino estrecho", y lo que éste es ya os lo he explicado otras veces: el camino estrecho es aquel del que Yo os he dado el ejemplo, el que os he señalado diciendo: "Si alguno quiere seguirme, que se renuncie a sí mismo todos los días y me siga". ¡Haced lo mismo, hijos míos, y viviréis! Seguidme por este camino, guardándoos de los dos escollos: del placer y de las seducciones..."

Ocho de la tarde. Mi Señor Jesús, he aquí otra vez la noche: todo calla, las sombras y el silencio envuelven la tierra... Todo duerme en el pueblo... No se oye ningún ruido... Vos veláis, vuestra Madre, Santa Magdalena, velan cerca de Vos, y os miran tristes, orando: cuentan los días... Dieciocho días hasta vuestra Pasión; diecinueve días hasta vuestra muerte... ¡Vos muerto, Jesús mío! ¡Oh, Vos, pletórico de vida! ¡Vos, que sois la vida! ¡Y muerto en qué tormentos! ¡Y voluntariamente! ¡Con todo el amor de vuestro Corazón! ¡Oh, Dios mío, y mientras vuestro Corazón tiene sed de ser bautizado con este bautismo..., el nuestro desfallece pensando en ellos! ... ¡Dios mío, ved que se aproxima, que llega, que ha llegado el fin de esta vida de treinta y tres años pasados sobre la tierra! ... ¡Qué de prisa ha corrido! ¡De qué inefables dulzuras la habéis sabido llenar para mí! ¡Qué preciosas gracias habéis derramado diariamente en esta bendita vida sobre mí, sobre nosotros los que os rodeamos y sobre toda la tierra! ... ¿Qué diré yo? Diré lo que os han dicho ya una vez: "¡A Dios no plazca, Señor, que Vos sufráis así! No, yo no podré tener otra voluntad que la vuestra, Señor mío; os he entregado ya una vez mi voluntad; no la volveré a tomar más; ella está para siempre perdida y sumergida en la vuestra: que todo lo que queráis se haga, que todo lo que deseáis suceda, cualquiera que esto pueda ser... ¡Que vuestra voluntad se haga, Dios mío! ... Yo sé que vuestra voluntad es vuestra gloria, es vuestro bien... Que ella se haga. ¡Oh, Dios mío, haced solamente que yo, que aquellos de los cuales Vos me habéis encargado particularmente, que todos los fieles de vuestra Iglesia, que todos los hombres, hagan en todo vuestra voluntad! ¡Amén! ¡Amén!

EL BUEN PASTOR

San Lucas, cap. XV, v. 4.

(Nuestro Señor): "Yo soy el buen Pastor, Yo corro sin parar a la busca de las ovejas perdidas; os lo he repetido cien veces: *¡Amadme!* , puesto que amo tanto a mis ovejas, *amaos los unos a los otros*, puesto que vuestro Pastor os ama tan tiernamente. Sedme agradecidos por mis cuidados en buscaros, por mi bondad en perdonaros, por mi alegría cuando os encuentro. *Ayudadme en mi quehacer, imitadme*, haced todos vuestros esfuerzos, conmigo y como Yo; cada uno seguir las órdenes de vuestros directores espirituales, para recoger el mayor número de ovejas descarriadas... Participar en mis sentimientos y mis penas, cuando veo cómo se pierden las ovejas; en mis alegrías cuando las encuentro... Participar de mi constancia, de mi esperanza, de mi indulgencia, buscándolas; de mi esperanza, que no renuncia nunca a creer en la posibilidad de su retorno, de mi indulgencia en perdonarles; participar de mi ternura por ellas cuando vuelven... Que, lejos de hacerle reproches y castigarlas, Yo las colmo de caricias, Yo caigo sobre su corazón como el padre del hijo pródigo.

Esperad, pues, siempre el retorno al bien de todas las almas viviendo en este mundo; trabajad siempre en la medida fijada por la obediencia y *sed tiernos* para con los pecadores que retornan, como Yo lo he sido antes que vosotros con tantas almas... En una palabra, que lo abarca todo: *"Haced por los pecadores lo que queréis que Yo haga por vosotros".*

LUNES DESPUES DEL CUARTO DOMINGO DE CUARESMA

"Hijitos míos: el día toca a su fin; Yo no tengo más que algunas palabras que deciros... La desnudez se acerca a Mí, y este pequeño retiro de Efrem está ya casi terminado... Mañana por la mañana saldremos para Galilea... Quiero, por tanto, deciros todavía tres cosas mientras que estamos recogidos en esta soledad: primero, *pobreza, pobreza y pobreza.* Acordaos de mis *ejemplos y palabras* referentes a la pobreza: Nacido en una gruta, educado en una pobre casa, hijo de padres pobres, viviendo pobremente del trabajo de mis manos, hasta el momento que pasé mis días dedicados enteramente a predicar; después de esto, aceptando, para poder vivir, las limosnas de los fieles, pero no aceptando más que lo que es necesario para vivir pobremente, como cuando Yo era un obrero; sin poseer nada en el mundo, sin ninguna piedra en que poder reposar la cabeza; escogiendo mis compañeros, mis Apóstoles entre los pobres, predicando la pobreza. *Acordaos de mis palabras:* "¡Bienaventurados los pobres! ¡Maldición a los ricos! ... Si queréis ser perfectos, vended lo que tenéis y dadlo a los pobres... Si no renunciáis a todo no podéis ser mis discípulos... No se puede servir a dos señores al mismo tiempo, no se puede amar a Dios y al dinero... El pobre Lázaro fue llevado por los ángeles al seno de Abraham; aquellos que dejen todo para seguirme recibirán el céntuplo en este mundo y en el otro la vida eterna". No quiero dejar terminar este día sin repetiros: "*¡Pobreza, pobreza, pobreza!* ... *Fe en la oración... Humildad*".

NOTAS ESPIRITUALES SUELTAS DE 1897 A 1900

Estas notas se encuentran agrupadas en dos cuadernos que llevan escrito el título que encabeza este capítulo. Se refieren a los asuntos más diversos de la vida espiritual; unos son seguramente de carácter personal; otros han sido escritos por Carlos de Foucauld en el curso de sus lecturas. Sabemos que acostumbraba a leer particularmente las obras de Santa Teresa, las de San Juan de la Cruz y las de San Juan Crisóstomo. De estos libros no se separó nunca, y después de su muerte se encontraron los ejemplares, muy usados, en la ermita de Tamanrasset.

1.—Pentecostés: 6 de junio de 1897.

Dios mío, ¿qué es lo que más os disgusta de mi alma? El espíritu de oración, la confianza en Vos, el amor, la dulzura, la fidelidad, la generosidad; todo me falta... Jesús no está contento de mí... Sequedad y tinieblas; todo me resulta penoso; Santa Comunión, oraciones, todo, todo, aun el decirle a Jesús que le amo. Es necesario asirme a la vida de la fe. Si al menos sintiera que Jesús me ama... Pero El no me lo dice nunca...; lo que me falta, sobre todo, es el olvido de mí mismo y un corazón fraterno para con los demás...

—Tú me pides en qué me ofendes más... No amándome suficientemente, con pureza únicamente... Amándote a ti mismo y a las criaturas, por amor propio, por un amor humano; en todo lo que hagas no me veas más que a Mí solo; en todo pregúntate únicamente qué hubiera hecho el Maestro y hazlo. Así me amarás a Mí solo —de esta forma Yo viviré en ti—, así te perderás y vivirás de Mí, no tendrás nada tuyo, mi reino habrá llegado a ti.

"*Tu vocación.*—Predicar el Evangelio en silencio, como Yo en mi vida oculta, como María y José.

Tu regla.—Seguirme... Hacer lo que Yo haría. Pregúntate en todo momento: "¿Qué habría hecho Nuestro Señor?", y hazlo. Esta es tu sola regla, es tu regla absoluta.

Tu espíritu.—Espíritu de amor de Dios y olvido de ti mismo en la contemplación y la alegría de su dicha, la compasión y el dolor de mis sufrimientos y la alegría de mis alegrías... En el dolor de los pecados cometidos contra Mí y el ardiente deseo de verme glorificado por todas las almas. Espíritu de amor al prójimo, por Mí, que amo a todos los hombres como un padre a sus hijos; deseo por Mí, del bien espiritual y material de todos los hombres. Libertad de espíritu, tranquilidad, paz. Todo por Dios sólo, nada por ti mismo ni por ninguna criatura.

Tu oración.—Primer método: 1.° ¿Qué tenéis que decirme, Dios mío? 2.° Por mi parte, esto es lo que tengo que deciros. 3.° No hablar más, mirar al Bienamado. Segundo método: *Quis, quid, ubi, quibus, quibus auxiliis, cur, quomodo, quando.*

Tu asistencia a la misa.—Divídela en tres partes: *Primera.* Hasta la Consagración: ofréceme y ofrécete al Padre, recomendándole tus intenciones. Dame gracias por mi Cruz, pídeme perdón por haberla hecho necesaria... *Segunda.* De la Consagración a la Comunión: adórame sobre el altar. *Tercera.* Después de la Comunión: adórame dentro de tu corazón, dame gracias, ámame, goza y cállate.

Tu pensamiento de la muerte.—Piensa que debes morir mártir, despojado de todo, extendido en tierra, desnudo, desfigurado, cubierto de sangre y de heridas, violenta y dolorosamente muerto..., y desea que eso sea hoy... Para que Yo te haga esta gracia infinita, sé fiel en las vigilias y llevando la Cruz. Considera que esta muerte es a la que debe conducir toda tu vida: ve por esto la poca importancia que tienen tantas cosas. Piensa a menudo en esta clase de muerte para prepararte y para juzgar las cosas en su verdadero valor" (4).

* * *

No pido consuelos a Jesús (primeramente no los merezco), pues eso sería para mí una alegría tan grande,

---

(4) Carlos de Foucauld escribía esto en 1897. Diecinueve años más tarde, el 1 de diciembre de 1916, fue asesinado por los Senusistas en Tamanrasset.

oirle o sentirle en el fondo de mi corazón, que sería un paraíso y no se puede tener el paraíso en este mundo y en el otro. No le pido más que una cosa: serle fiel, ¡ay!, lo soy tan poco...

Es natural que un alma poco ferviente no guste de ninguna dulzura. Sí, Dios algunas veces permite semejantes tinieblas sin que una estrella brille en nuestro cielo. Es entonces cuando es necesario acordarse que vivimos sobre la tierra para sufrir, siguiendo a nuestro amable Salvador en este sendero oscuro y espinoso. Somos peregrinos y extranjeros sobre la tierra... Los peregrinos se acuestan bajo la tienda, atravesando a veces los desiertos; pero el pensamiento de su patria les hace olvidar todo. Estamos sobre una tierra extranjera aquí abajo... Nos es menester suspender nuestras liras y llorar.

En todo momento, no quiero hacer más que su santa voluntad... ¡Ay! Amo tan poco a Jesús que no oso darle el nombre de Bienamado; sin embargo, yo deseo, quiero amarle más que todo lo que existe sobre la tierra y el Cielo. ¡Para El solo mi corazón y mi vida!

"Cuando os sintáis cansados, tristes, solos, presa del sufrimiento, retiraos dentro de ese santuario íntimo de vuestra alma, y allí encontraréis a vuestro *Hermano*, vuestro *amigo Jesús*, que será vuestro consuelo, vuestro sostén y vuestra fuerza..."

* * *

—Para decírtelo todo en una sola frase, deja todo, hijo mío, y encontrarás todo.

—¡Oh, qué feliz soy ahora en esta querida soledad, lejos, lejos, bien lejos de este mundo, en el cual El es tantas veces ofendido! ¡Qué felices somos solos con su amor, solos con su ternura! Yo no siento este amor, pero, sin embargo, El sabe bien que le amo más que al mundo entero; todo y siendo un miserable, mi corazón, mi alma, mi vida entera, todo le pertenece hasta el último suspiro, ¡ay! No, no le amo, al menos como debiera amarle... Las palabras no son nada; es necesario obrar... Pedid para mí un amor generoso, fiel, ardiente...

* * *

Desde el pecado de Adán, el hombre no puede hacer sobre la tierra ningún acto bueno dentro del orden material o espiritual que en la medida de una pena proporcionada a ese bien... Como los bienes espirituales son de un orden infinitamente superior, como el amor de Dios es el bien de los bienes, *ellos no pueden comprarse más que al precio de penas que llegan hasta el dolor*, hasta dolores que son tanto más punzantes cuanto el bien hacia el cual tendemos es más alto. *Las oscuridades y los dolores interiores que el alma sufre en su vida íntima de amor divino son lo suficiente crucificantes para poder servir como precio, como moneda os haré decir, para la compra del amor divino, nuestro bien supremo;* es por lo que no podemos llegar a amar a Dios más que a condición de *comprar* nuestro amor, por medio de las oscuridades y sufrimientos interiores, proporcionados al grado de amor al cual llegaremos.

* * *

¡De qué modo debemos desear que todos los hombres estén en estado de gracia! Es tanto como desear que existan otros tantos Tabernáculos vivientes, otros tantos cuerpos y almas animados por Jesús como almas existen... ¡Cómo debemos desear que las almas en estado de gracia hagan el mayor número de buenos actos posibles! Es como desear la multiplicación de los actos de Jesús, de los cuales cada uno glorifica a Dios infinitamente.

* * *

Elección (14 de noviembre de 1897, fiesta del Patrocinio de la Santísima Virgen).

1.º Adquirir por medio de la gracia divina, el *desasimiento* completo de todo lo que no sea Dios, la *pobreza de espíritu* que no deja subsistir, ni pequeños pensamientos, ni pequeños cuidados, ni inquietudes, ni pensamientos de interés personal, sean materiales, sean espirituales, ni consideraciones, nada terreno, mezquino y vano: vaciar enteramente el alma y no dejar subsistir más que el solo pensamiento y el solo amor de Dios... *Vivir alto, no pertenecer a la tierra*, vivir en el Cielo, como Santa Magdalena, en la Santa Gruta.

2.º Corregirme del *miedo* que tengo a la Cruz y ser más generoso en la mortificación... ¡Desear ardientemente amar a Dios con el mayor amor!

* * *

Nazaret, 26 abril 1900.

Para seguir a Jesús crucificado, mi vida debe ser una Cruz.

* * *

Confianza absoluta, que si yo soy fiel, la voluntad de Dios se cumplirá, no solamente a pesar de los obstáculos, sino gracias a ellos.

Los obstáculos son la señal de que una cosa agrada a Dios. La debilidad de los medios humanos es un motivo de fuerza. Dios se sirve de los vientos contrarios para conducirnos a puerto...

Es la frase de Nuestro Señor a Santa Teresa la que me anima frecuentemente en mis cobardías y mis bajos respetos humanos: "O bien se me glorificará o se te despreciará; en los dos casos tú ganarás en ello".

Tengo un sentimiento profundo y creciente sin cesar de glorificar a Dios y "hacer aquí abajo la obra del Padre celestial". Es necesario, ante todo, que yo pruebe la Cruz, de la cual Jesús nos ha dejado el ejemplo.

ALGUNAS CARTAS DE 1897 A 1900

Nazaret, 30 septiembre 1897.

A un trapense.

Procuremos hacernos uno con Jesús, reproducir su vida en la nuestra, pregonar su doctrina sobre los tejados, por medio de nuestros pensamientos, palabras y acciones, haced que El reine en nosotros y viva en nosotros. ¡El viene a nosotros frecuentemente por medio de la Santa Eucaristía! ¡Que El establezca en nosotros su Reino! Si nos da alegrías, aceptémoslas con agradecimiento; el buen Pastor nos da estos dulces pastos para fortificarnos y permitirnos seguirle después por caminos áridos... Si nos da cruces, besémoslas: "¡Bona Crux!", es la gracia de las gracias, es andar más que nunca asidos de la mano de Jesús; es aliviarle llevando su Cruz como Simón el Cirineo; es nuestro Bienamado, que nos invita a declararle y a probarle nuestro amor... Penas del alma, sufrimientos del cuerpo, "regocijémonos y estremezcámonos de alegría": Jesús nos llama, nos pide que le digamos que le amamos y repetírselo por más que dure nuestro sufrimiento... Cualquier cruz, grande o pequeña, cualquier contrariedad, es una llamada del Bienamado: El nos pide una declaración de amor, y una declaración que dure tanto como la Cruz. ¡Oh, cómo pensando en ella se querría que la Cruz dure siempre! ... Durará lo que Jesús querrá, por suave y amada que ella sea, no la deseemos más tiempo que lo que Jesús la quiera para nosotros... Vuestra voluntad, mi hermano Jesús, y no la nuestra... No queremos pensar más en nosotros mismos, como si no existiéramos: no pensamos más que en Vos, nuestro Bienamado. No queremos nuestro bienestar, queremos el vuestro... No pedimos nada para nosotros, pedimos vuestra gloria: "... Santificado sea el tu nombre, venga a nos el tu reino, hágase tu voluntad" en todos vuestros hijos, en todos los hombres; que ella se cumpla en nosotros, que os glorifiquemos constantemente durante nuestra vida... Que hagamos vuestra voluntad, que seamos un consuelo para vuestro Corazón... Esto es todo lo que deseamos, todo lo que nos es necesario... Henos aquí a vuestros pies, haced de nosotros lo que os plazca... Esto o aquello otro, como queráis... No tenemos voluntad, ni otro deseo que el cumplimiento de vuestra voluntad, que vuestro bien...

A un amigo.

26 diciembre 1897.

Sí, bendigamos a Dios mil veces por las tristezas con que nos inunda; parece como si la tierra nos rechazase. Esas tristezas y dolores, esta amargura de la cual parece todo impregnado aquí abajo, es el premio que tuvo nuestro Señor... ¡Cuán felices somos participando de El. ¡Quejémonos los felices! ... ¡Quejémonos aquellos a quienes las alegrías, aun las más puras, las más legítimas, nos atan a la tierra! ¡Qué bueno es Dios, que nos ha quitado todo, para que de esa manera podamos respirar mejor, volviendo la boca hacia El! ¡Qué grande es su misericordia! ¡Qué bueno ha sido El, que nos ha quitado todo, arrancándonos todo, para que seamos completamente suyos! ¡Cómo los desgraciados se tornan en dichosos y cuán bueno es Dios! ... La tristeza me conduce a la acción de gracias... Puedan estos días festivos y dolorosos traeros, no digo el consuelo, pero sí el bienestar que la bondad de Dios se encarga de concederos. El Niño Jesús no os traerá quizá mayores dulzura; El las reserva para la fragilidad; sus manos no son menos generosas, sin embargo, para con usted, como para con los demás, en estos días de gracia, y El derramará, aunque usted lo sienta o no, abundantes gracias sobre su alma...

A su hermana.

31 enero 1897.

¡Cuán bueno es, ¿no es verdad? , abandonarse al Corazón de Jesús, dejarse llevar por El, pensar que todo lo que sucede, excepto el pecado, es por su voluntad; que, aun el mismo pecado, es "permitido" por El, y que de todo, absolutamente de todo, aun de las faltas, se puede y se debe sacar provecho! ... ¡Qué suave es sentirnos en tales manos y apoyados sobre tal corazón! Tenemos en Jesús un Padre, un Hermano, un Esposo tierno, sabio, poderoso, ¡qué felices somos, nosotros, pobres criaturas! ¡Cuán grande es la bondad de Dios! *Misericordias Domini in aeternum cantabo.* Querríase no decir otras palabras durante toda la vida, como se dirán y se vivirá de ellas durante la eternidad... Deshagámonos en agradecimiento, en felicidad, en bendiciones, contemplando las bondades de Dios para con todos los hombres, su inaudito amor por cada uno de nosotros; contemplémosle y digámonos que nosotros somos uno de esos pequeños seres que El tanto ha amado y por los cuales ha vivido y muerto. ¡El ha dado toda su sangre por cada uno de nosotros! ¡Qué amor! ¡Qué dicha ser amado así! Y amado ¿por quién? Por el Ser infinitamente perfecto, por la belleza infinita y soberana... ¿Qué somos nosotros para ser tan queridos por Dios? ¡Qué consuelo da hablar de esto, y vivir durante algunos minutos, juntos, de la vida del Cielo, esperando que por la gran misericordia de Dios podamos participar juntos por toda la eternidad! ...

A un trapense.

Lunes, después de la Ascensión de 1898.

Vuestra ocupación es la de vivir solamente con Dios; es la de estar hasta vuestro sacerdocio como si estuvieseis sólo con Dios en el universo... Es necesario pasar por el desierto y vivir allí para recibir la gracia de Dios... Es allí donde se expulsa de sí todo lo que no es Dios...

Es necesario al alma ese silencio, recogimiento, ese olvido de todo lo creado, en medio de los cuales Dios establece en ella su reino y forma en la misma el espíritu interior, la vida íntima con Dios..., la conversación del alma con Dios en la fe, la esperanza y la caridad... Más tarde, el alma producirá los frutos en la medida exacta en que el hombre interior se habrá formado en ella... Si esta vida interior es nula habrá celo, buenas intenciones, mucho trabajo, pero los frutos serán nulos; es un manantial que quisiera dar la santidad a los demás, pero que no puede porque le falta a él: no se da lo que no se tiene. Es en la soledad, dentro de esta vida íntima con Dios, en el recogimiento profundo del alma, que olvida todo lo creado, cuando Dios se da enteramente a aquel que se entrega enteramente a El...

A un trapense (que estudiaba Teología en Roma).

Nazaret, 21 junio 1898.

Espero que vuestra vida continúe, cada vez más perdida, sepultada, sumergida en Jesús, entre María y José... Vos estáis ahora en el período de vida que representa la infancia de Jesús... El aprende a leer sobre las rodillas de sus santos padres. No se ocupa todavía de la salvación de las almas, si no es por las aspiraciones interiores de su corazón, rogando a Dios por la salvación de todos los hombres...; pero no se ocupa de ningún alma en particular; El es un niño. No ayuda a José en su trabajo, no puede: es un niño pequeño, pequeñito. Aprende a leer sobre las rodillas de María, se sienta a sus pies y la sonríe, la abraza, se está quieto y tranquilo mirándola. Esta vida le basta a El, hijo de Dios, durante varios años. Que ella os sea suficiente, mi querido Padre; es la vuestra durante varios años: vos tenéis cinco años, aprended a leer, estudiar poco a poco; por obediencia, haced todo lo que se os diga, como Jesús a la edad de cinco años hacía todo lo que le decían sus padres... Más tarde, El os llevará al desierto, y de allí a Getsemaní..., y al Calvario... Ahora vivid con Jesús, María y José, como si estuvieseis solo en el mundo, en su compañía, en el pequeño hogar de Nazaret.

A su hermana.

Jerusalén, 19 noviembre 1898.

Cuando se está persuadido que una cosa es la voluntad de Dios es agradable hacer la voluntad del Bienamado, que nada cuesta... El está aquí, como en Nazaret, por todos lados; ¿qué me importa estar aquí o allí? Una sola cosa me importa: es la de estar donde El me quiere, de hacer lo que más le agrade... Olvidémonos, olvidémonos y vivamos en Jesús, amándole con todo nuestro corazón; pues tú lo sabes, cuando se ama se vive menos en sí que en aquel a quien se ama, y cuanto más se ama más se establece su vida fuera de sí y dentro de la de aquel a quien se ama...

Si amados a Jesús, vivimos más en El que en nosotros, olvidamos lo que nos concierne, para no pensar más que en aquello que le concierne, y como El vive en una paz y una bienaventuranza inefables, sentado a la diestra de su Padre, nosotros participamos en la misma medida de nuestro amor de la paz y la bienaventuranza de nuestro divino Bienamado...

Me dices que pida la paz para ti... Mi querida, he aquí el secreto: Ama, ama, ama...

Sí, pediré la paz, o, mejor, pediré para ti el amor de Jesús, que sólo puede dar la paz, y que la da necesariamente, llevándola siempre con El... Pídesela también, pide amar; di: "Yo os amo; haced que os ame más"; y piensa, di, haz todo lo que es según el amor, todo lo que pueda excitar en ti el amor, todo lo que pueda conducir a los demás a amar a este divino Esposo de nuestras almas...

Si tienes momentos de tristeza, recita el rosario meditando los misterios gloriosos, y di a Jesús: "Sí, yo vivo sobre la tierra, pobre, miserable y sacudida por la tormenta y la tempestad; pero Vos, Jesús, mi amor, Vos habéis resucitado y no conocéis más el sufrimiento; he aquí a Vos bienaventurado por la eternidad... Vos, Jesús, mi Esposo, estáis sentado en lo más alto de los cielos, en una gloria y felicidad soberanas... ¿Es a mi misma o a Vos a quien amo? ¡Oh!, no es a mí misma, es a Vos, mi Bienamado, a quien yo quiero amar; Vos sois feliz para siempre; ¿qué importa mi pena? Yo no quiero tener más que palabras de bendición; mi Bienamado. Vos sois feliz, yo también soy feliz. ¿Podré quejarme cuando mi Bienamado es infinitamente feliz por la eternidad?"

A un trapense.

9 septiembre 1898.

Sea bendita y besada, y mil veces besada, la voluntad de mi Bienamado, manifestada por mi superior. Dignaos hacerme conocer vuestra voluntad por medio de la voz de vuestro representante establecido por la Iglesia, vuestra Esposa a este efecto. ¡Gracias, gracias, Jesús de mi corazón! ¡Qué gracia, qué favor hacéis a vuestro hijito! ¡Mi felicidad es sin medida! ¡Desfallezco de gozo..., gracias, gracias de todo, igualmente de todo, sea lo que sea! ¡Vuestra voluntad es mi cielo aquí abajo, oh Jesús! ... Hacedme la gracia solamente de hacerla perfectamente, y perdonadme si en el pasado he gozado tan poco del exceso de mi dicha.

A un trapense.

(A propósito de la muerte de uno de sus superiores).

Nazaret, 29 diciembre 1898.

Mi queridísimo Padre: he recibido esta mañana vuestra carta del 10 de diciembre, haciéndome conocer esta abrumadora noticia... Sí, vos quedáis huérfano y yo también. Pues para el uno y el otro era un padre... Sin embargo, no; no quedamos huérfanos, pues allí, junto a nosotros, en el Sagrario, está aquel que ha dicho para siempre: "No os dejaré huérfanos". Y nuestro amadísimo Padre Luis, ¿es cierto que ha muerto? ¡Dios no lo quiera! Vive, y está más vivo que nosotros, es nuestro Padre más que nunca, vela sobre nosotros mejor que nunca... Yo le esperaba cada día, me había escrito que haría lo posible para venir a verme en el curso de su viaje. Desde el comienzo del mes no pasaba un carruaje, ni llamaban a la puerta, sin que me dijese: "¿Es él?"..., y he aquí que esta mañana me llegan tres cartas anunciándome esta dolorosa nueva... Tened la seguridad de que se orará por él aquí, en Nazaret... Unas veces pienso en su bondad y ternura, sus virtudes, y no soy dueño de mi emoción ni de mis lágrimas; otras veces me digo que, después de esta hermosa e inocente vida de méritos sumergida en la caridad y con el auxilio de tantas oraciones y de santos sacrificios, goza ya de la felicidad en los cielos, y entonces me regocijo, le rezo, le hablo y siento que no estoy separado de él, sino, al contrario, unido a él por su paso a la vida de los santos...

Amadísimo Padre, para vos el golpe es rudo, pero recibirle como es necesario, adorando y bendiciendo: "todo es por el bien de aquellos que aman a Dios"... Encontraremos a este querido Padre en todo momento en el Corazón de Jesús, y pronto —pues la carne es como la hierba; no dura más que una mañana— en la Patria celestial... Me acordaré de vos más que nunca, mi muy querido hermano en Jesús; cuanto más triste y solo os encontréis, más me encontraré cerca de Vos...

A su hermana.

Jerusalén, 17 diciembre 1898.

Felices Navidades y Año Nuevo, querida mía, a ti y a tus hijos. Pediré lo mejor que pueda al Niño Jesús por todos vosotros en esta hermosa noche de Navidad... ¿Te acuerdas de las Navidades de nuestra infancia? ...

Confío que harás a tus hijos un nacimiento y un árbol... Son dulces recuerdos que se tienen durante toda la vida... ¡Todo lo que conduce a amar a Jesús, todo lo que hace amar el hogar paterno es tan saludable...! Estos goces de la infancia, en donde en la religión se une lo que hay en ella de más dulce con lo que tiene mayor ternura en la vida de familia, causa un bien que dura hasta la vejez...

Pero habrá Navidades más hermosas todavía: serán las del cielo... Querida mía, haz a tus hijos un hermoso nacimiento y árbol y un buen regalo, y haz todo lo posible para que sus fiestas de Navidad sean dulces y suaves, dejándoles ese recuerdo inefable, de una suavidad infinita... Pero, sobre todo, prepáralos un buen regalo de Navidad en el cielo, santificándote lo más posible y educándoles para ser santos; educándoles, no para ser del mundo, eso no vale la pena; el mundo pasa rápidamente; por otra parte, no es digno de nosotros, no merece nuestro aprecio, ni aun nuestras miradas. Estamos destinados para algo mejor que eso; nuestro corazón tiene sed de más amor que el que el mundo puede darnos; nuestro espíritu tiene sed de más verdad que la que el mundo puede mostrarnos; todo nuestro ser está sediento de una vida más larga que la que la vida puede hacernos esperar; no eduques a tus hijos para lo que es despreciable...

A un amigo.

8 mayo 1899.

Entro en mi vida "de obrero hijo de María", anonadándome, empequeñeciéndome, orando más que leyendo, poniéndome con todas mis fuerzas a buscar este querido último puesto, el estado de Cenicienta, trabajando, sirviendo, pobre y desnudo.

A su hermana.

Nazaret, 8 mayo 1899.

Bona Crux! Por medio de la Cruz es por lo que nos unimos a Aquel que fue clavado en ella, a nuestro Esposo celestial... Es necesario recibir como un favor todos los instantes de la vida, con todo lo que traigan consigo, felicidad o desgracia; pero las cruces con mayor agradecimiento que el resto: ¡las cruces nos desatan de la tierra, y por eso nos atan a Dios! ...

A su hermana.

Nazaret, 21 julio 1899.

No demos importancia a los acontecimientos de esta vida ni a las cosas materiales; son los sueños de una noche en una posada; aquéllos pasarán tan de prisa como los sueños y sin dejar huellas... ¿Qué es lo que nos queda a la hora de la muerte, sino nuestros méritos y pecados? Veamos las cosas como son, a la gran luz de la fe, que ilumina nuestros pensamientos con una claridad tan luminosa que nos hace ver las cosas con una visión diferente de la de las pobres almas del mundo... ¡De qué modo la fe, la costumbre de mirar las cosas a la luz de la misma, nos hacen subir por encima de la niebla y del barro de este mundo! ¡De qué forma nos ponen en otra atmósfera, en pleno sol, en plena irradiación, en una calma serena, en una paz luminosa, por encima de la región de las nubes, de los vientos y de las tempestades, fuera de la zona del crepúsculo y de la noche! ... Vivamos de la fe, creamos en lo que esperamos en gracia, confiando que lo poseamos en la gloria y amemos a Aquel que "será nuestra recompensa infinitamente grande" en todos los instantes de nuestra existencia, en el tiempo y en la eternidad...

A su hermana.

Nazaret, 1 septiembre.

... ¡Qué contento estoy al saber que vives tan cerca de la iglesia del Santísimo Sacramento! ... ¡El Santo Sacramento, la Misa, la Santa Comunión, qué dichas, qué gracias! ... ¡Estar a los pies de nuestro Salvador, recibirle! ¡Qué dichosos somos! ... Y además Dios está en nosotros en el fondo de nuestra alma...; siempre, siempre, siempre allí, escuchándonos y pidiéndonos hablar un poco con El... Enseña a tus hijos a conversar con el divino Huésped de su alma... Recuérdales a menudo que para nosotros, cristianos, no existe la soledad: "La soledad ha germinado y florecido como una azucena", dice un salmo... Tengamos la seguridad de que esto es verdadero: Dios, el dulce Jesús está dentro de nosotros... Nos podemos consolar sentándonos a sus pies y mirándolo como Magdalena en Betania...

¡Oh, no! Santa Magdalena no estaba sola en la Santa Baume; no estaba más sola que lo podía estar en Betania; en lugar de tener a Dios visible delante de ella bajo una forma mortal, le tenía invisible en el fondo de su alma, pero El no estaba menos presente: estaba sentada a sus pies tanto aquí como allá... Esta es, en tanto que lo permite mi debilidad, miseria, mi indignidad, tibieza y cobardía, también mi misma vida, querida mía; procura que sea cada vez más la tuya; ella no te separará ni desviará de tus otras ocupaciones, no te ocupará un minuto; solamente, en lugar de estar sola, seréis dos a cumplir tus deberes. De cuando en cuando, baja tus ojos hacia tu pecho, recógete un cuarto de minuto y di: "Vos estáis aquí, Dios mío, os amo". Eso no te tomará más tiempo que el decirlo, y todo lo que harás será mucho mejor teniendo su ayuda, y ¡qué ayuda! Poco a poco, te habituarás y terminarás por sentir sin cesar en ti a ese dulce compañero, a este Dios de nuestros corazones...

Entonces no existirá más soledad para ti. Estaremos más unidos que nunca, pues tendremos entonces exactamente la misma vida...

El tiempo se nos pasará de la misma manera, con el mismo dulcísimo Compañero... Oremos el uno por el otro, a fin de que hagamos con la mayor ternura compañía a este querido Huésped de nuestras almas.

... Y que mi ejemplo te muestre que no podemos nunca saber si seremos más felices en tal o cual sitio, en un estado o en otro, por una razón bien sencilla; es Dios, Dueño omnipotente de nuestras almas, el que nos da el consuelo y la alegría, donde y como El quiere... En un instante destruye los sueños de la dicha; en un instante "hace germinar y florecer como una azucena la soledad", y El hace de "la noche una luz llena de delicias", como dice también un salmo...

A su hermana.

Nazaret, 3 octubre 1899.

Gracias por tu felicitación con motivo de mi cumpleaños... Sí, he llegado alegremente a mis cuarenta y un años, feliz al ver al cuerpo disolverse y acercarse al final de la peregrinación.

Me encuentro muy bien, pero oigo la voz del profeta: "La carne es como la hierba y pasa como la flor de los campos; por la mañana está verde y por la tarde está seca, porque el soplo del Señor ha pasado sobre ella..."

Bendigo a Dios por concederte un hijo más, un alma

más, un santo: ¡Qué alegría y qué honor! ... ¿Bajo la protección de qué habitante de los cielos pondrás a este bendito niño?

Sí, querida mía, rezo, rezo cada vez más por ti. ¡Sobre todo, no te inquietes..., no te inquietes! ... Sí, sé sencilla, evita todo gasto inútil, sepárate cada vez más en tu manera de ser y vivir de todo lo que siente el mundo, la vanidad, el orgullo..., locuras que no sirven más que para disminuir nuestra futura gloria en el Cielo, que para prolongar nuestro purgatorio, que para hacer pesar sobre nosotros la responsabilidad de un ejemplo malsano dado a los demás, que nos hace solidarios de una manera de ser que la razón natural condena, que reprocha aún más la religión cristiana, que no se sigue cuando se conoce, más que para hacer lo que hacen los demás; valdría más darles buen ejemplo que imitar su insensatez... Sí, suprime todo lo inútil, todo lo que huela a mundo... Pero no te inquietes, no temas por el futuro...

No suprimas nada, nada, nada de lo que pueda contribuir a la buena educación moral e intelectual de tus hijos, ni mucho menos de lo que pueda ser útil a su progreso espiritual interior; en cuanto a ti, nada de economía de buenos libros; si las almas consagradas a Dios, los monjes, que piensan en la perfección de la mañana a la tarde, sienten hasta el fin de su vida la necesidad de leer y releer las obras de los maestros de la vida espiritual y las vidas de los santos sus antecesores, ¿cuánto más se ha de tener necesidad cuando se vive en el mundo, en medio de tantas ocupaciones y distracciones? ... Nada de economía en las limosnas, no suprimas nada por ese lado, al contrario, aumenta: "Dad y se os dará..., en la medida que hagáis a los demás se os hará..., en la medida que hagáis a los demás se os hará..., lo que deis a los pobres es a Mí a quien se lo dais..."

El mejor medio de que no te falte nada es repartir generosamente con los pobres, viendo en ellos los representantes de Jesús y a Jesús mismo...

Y después confianza: "Aquel que da la vida, dará también el alimento; aquel que ha dado cuerpo, dará con mayor razón el vestido. Buscad el Reino de Dios y su justicia (es decir, la perfección), y el resto se os dará por añadidura". Esto se ha dicho para todos los cristianos, y no sólo para los monjes...

Confianza, confianza... ¡Oh, guárdate de toda inquietud; educa bien a tus hijos para Dios..., y Dios dispondrá el porvenir, cien mil veces mejor que lo pudieras tú hacer y que pudieran hacerlo todos los hombres reunidos!

A un trapense.

Nazaret, 28 enero 1900.

Mi queridísimo Padre, mi buen hermano en Jesús: estamos todavía en el tiempo de Navidad. En cuerpo estoy en Nazaret, pero en espíritu hace más de un mes que estoy en Belén; estoy, pues, al lado del pesebre entre María y José para escribiros. ¡Es tan agradable! Fuera hay frío y nieve, imagen del mundo...; pero en la pequeña gruta iluminada por Jesús, ¡qué bien se está! ¡Qué dulce, cálida y luminosa es! ... Nuestro buen y querido Padre Abad quiere saber qué es lo que el dulcísimo Niño Jesús me murmura desde hace un mes, cuando yo le miro, cuando velo a sus pies, durante la noche entre sus santos Padres, cuando El viene a mis brazos sobre y dentro de mi corazón por medio de la Santa Comunión... El me repite: "VOLUNTAD DE DIOS... VOLUNTAD DE DIOS..." "He aquí que Yo vengo; está escrito al comienzo del libro de mis destinos que Yo haré *vuestra voluntad...*"

La voluntad de Dios, y la voluntad de Dios por medio de la obediencia; he aquí lo que me repite, me murmura dulcemente, la voz bienamada del divino Niño Jesús...

A un trapense.

Nazaret, 8 marzo 1900.

¡Qué bueno es vaciar la memoria de todas las cosas visibles para no llenarla más que con la esperanza de los bienes celestiales! ... Y desde aquí abajo, ¡qué felices somos! ... Sin duda alguna, existen miserias, nuestros pecados sobre todo, con el largo cortejo de nuestras imperfecciones y debilidades; pero cuando se piensa que nuestro bienamado Jesús está siempre en nuestras almas; cuando se ve la Santa Hostia, ¿qué decir, sino que la noche de esta vida ha perdido sus tinieblas? "Vos illuminatio mea in deliciis meis?" Esta pobre tierra, tan negra, se transforma en una iluminación deliciosa bajo los rayos de la divina Hostia, "luz del mundo..., hasta la consumación de los siglos..." No para todos, muchos, ¡ay!, quedan en la sombra de la muerte, pero para nosotros privilegiados, para nosotros los favoritos, para nosotros, "que hemos sido escogidos y no hemos escogido los primeros...", ¡ah, querido hermano en Jesús, qué felicidad!

Habladme de vuestra salud; no me afligiré si es mala; la vida o la muerte, la salud o la enfermedad, es un asunto de Dios, y no nuestro; lo que El nos da en esto es siempre lo que nos conviene. No hay otra cosa que hacer, siempre, siempre que alegrarse...

A su hermana.

Nazaret, 12 febrero 1900.

Mi querida Mimí: acabo de recibir el telegrama enviado ayer (5)... Has debido sentir pena por la muerte de este niño, y yo tengo también el pensamiento en la tuya... Pero te confieso que tengo asimismo una admiración profunda y entro dentro de un arrobo lleno de agradecimiento cuando pienso que tú, mi hermanita, pobre viajera y peregrina sobre la tierra, eres ya la madre de un santo... Que tu hijo, al que has dado la vida, está en ese hermoso cielo al que aspiramos, tras el que suspiramos... Hele aquí convertido, en un instante, el mayor de sus hermanos y hermanas, el mayor de sus padres, el mayor de todos los mortales. ¡Oh! ¡Qué sabio es por encima de todos los sabios! Todo lo que nosotros conocemos en enigma, él lo ve claramente... Lo que nosotros deseamos, él lo goza..., el fin que perseguimos tan penosamente al precio de una larga vida de combates y sufrimientos, él lo ha logrado desde el primer paso... Estas maravillas "que el ojo del hombre no puede ver, ni sus oídos escuchar, ni su espíritu comprender", él las ve, escucha, se goza...; él nada por toda la eternidad en una felicidad sin fin, y se embriaga en la copa de las delicias divinas. Contempla a Dios en el amor y en la gloria, entre los santos y los ángeles, en ese coro de vírgenes del cual él forma parte y que siguen al Cordero por donde El va...

Tus otros hijos marchan penosamente hacia esa Patria celestial, esperando alcanzarla, pero sin tener la certeza y aun pudiendo ser para siempre excluídos; ellos no llegarán, sin duda alguna, sino que al precio de muchas luchas y dolores en esta vida, y puede ser todavía que después de un largo purgatorio; él, este angelito protector de tu familia, de un vuelo ha llegado a la Patria, y sin penas e incertidumbres; por la liberalidad de Nuestro Señor Jesús, goza por la eternidad de la visión de Dios, de Jesús, de la Santa Virgen, de San José y del gozo infinito de los elegidos... ¡Cuánto debe amarte! ... Tus otros hijos podrán contar así, como tú, con un protector bien tierno; tener un santo en la familia, ¡qué dicha ser madre de un habitante del Cielo! , ¡qué honor y felicidad! , repito, entra en una arrobadora admiración pensando esto: se consideraba a la madre de San Francisco de Asís bienaventurada porque viviendo ella asistió a la canonización de su hijo; ¡mil veces más dichosa eres tú! Tú sabes con la misma certeza que ella que tu hijo es un santo en los cielos, y lo sabes desde el primer día de ese querido hijo, sin verle atravesar, para llegar a la gloria, todo un camino de dolores. ¡Cómo te lo agradecerá! A tus otros hijos les has dado con la vida la esperanza de la felicidad celestial y, al mismo tiempo, una condición sometida a muchos sufrimientos; a éste le has dado desde el primer instante la realidad de la felicidad de los cielos, sin incertidumbres, sin espera, sin mezcla de ninguna pena... ¡Qué dichoso es y qué bueno es Jesús al recompensar a este inocente con una corona inmortal y una gloria inefable sin que él le haya ofendido nunca! Es el precio del santo Bautismo, es el precio de la Sangre de Cristo, El que ha sufrido y combatido tanto para tener el derecho de salvar a los suyos sin ningún mérito por su parte, El tiene bastante méritos para introducir a todos aquellos que quiere y a la hora que quiere en el Reino de su Padre.

Querida mía, no estés, pues, triste, sino repite más bien con la Santa Virgen: "El Señor ha hecho en mí grandes cosas...; las generaciones me llamarán bienaventurada..."; sí, bienaventurada, porque eres la madre de un santo, porque aquel que has llevado en tu seno está a esta hora resplandeciendo de gloria eterna; porque lo mismo que la madre de San Francisco de Asís, tú tienes todavía en vida un gozo penetrante y extasiado al pensar que tu hijo es un santo, eternamente sentado a los pies de Jesús, apoyado para siempre sobre su Corazón, en el amor y la luz de los ángeles y de los bienaventurados.

A su hermana.

14 febrero 1901.

Que Regis tenga siempre un lugar en las conversaciones de la familia: acordaos todos de él; que no sea ni olvidado de sus hermanos ni hermanas, ni dejado en silencio; que se hable de él frecuentemente, como si viviera; está más vivo que todos nosotros, que vivimos sobre esta tierra; él es el único de todos tus hijos que está perfectamente vivo, pues sólo él posee la vida eterna que nosotros podemos perder, ¡ay!, como tantos otros la pierden; pero que este querido Regis nos ayudará a obtener... Yo le rezo a menudo y con fruto... Le pido que me enseñe a orar; pídeselo tú también y enseña a tus hijos a que se dirijan a él en sus necesidades. ¡Los ama tanto y es tan poderoso! ...

No, querida mía, no estoy contristado por las persecuciones religiosas; pero pido a Dios, para los demás y para mí, el ánimo y las virtudes de forma tal que las soportemos en el provecho que Jesús quiera que saquemos, pues El no las permite, El, todopoderoso y que nos ama tanto, más que por el bien de las almas... "¡Bienaventurados aquellos que sufren persecución por la justicia!" ¿Cómo entristecernos cuando Jesús nos llama "bienaventurados"? ¿No sabe Él mejor que nosotros lo que es más conveniente? Jesús, que nos ama tanto, permite esto, como ha permitido su propia muerte, y las persecuciones que le han seguido desde el pesebre a la Cruz; como ha permitido el martirio de sus Apóstoles y de una infinidad de santos, como permite las pruebas de los justos, no para la muerte, sino para que Dios sea glorificado y que las almas que se depuran por el sufrimiento tengan la ocasión de practicar las grandes virtudes y entren en el reino celestial por el camino real de la Cruz, que después de Jesús, es el único que conduce al triunfo... Oremos, pues, pidamos humildemente, la fuerza, el amor, el amor sobre todo, que contiene y enseña todo, y, lejos de entristecernos, regocijémonos. Jesús nos lo ordena: "Cuando os calumnien y cuando se os persiga, cuando os expulsen por mi causa, entonces regocijaos, pues vuestra recompensa será grande en los cielos..." Es asimismo grande aquí abajo, pues esta sola conformidad con Jesús, perseguido y doliente, es alegría profunda, de la que se goza en la medida del amor que se tiene por Jesús. *El amor tiene necesidad de imitación.*

TERCERA PARTE

EL SACERDOTE
EL ERMITAÑO EN EL SAHARA

CARLOS de Foucauld fue ordenado sacerdote por monseñor Bonnet, obispo de Viviers, el 9 de junio de 1901. Decidió continuar viviendo como un ermitaño, no en Asia, pero sí entre los pueblos infieles más abandonados. Partió para Africa a principios de septiembre de 1901, estableciéndose en el extremo del Sud-Oranesado, en Beni Abbés, único sacerdote, a cuatrocientos kilómetros del más próximo, en la Fraternidad, donde vivió de pan y cebada cocida, donde durmió en el suelo, consagrándose a todos, orando día y noche... En 1904 penetró todavía más en el desierto y se estableció en Tamanrasset, entre los *Tuaregs* del Hoggar. Murió a mitad de la gran guerra, el primero de diciembre de 1916, asesinado por los Senussistas, que temían su influencia de sacerdote y de francés.

En una carta al Padre Caron, director del Seminario Menor de Versalles, fechada el 8 de abril de 1905, el ermitaño de Beni Abbés daba las razones de la elección que había hecho. La reproducimos a la cabeza de los diferentes escritos espirituales que se refieren al período de 1901 a 1916.

8 abril 1905 (1).

Soy un viejo pecador que al día siguiente de su conversión —hace de esto cerca de veinte años— ha sido atraído poderosamente por Jesús para llevar su vida de Nazaret. Desde entonces me esfuerzo por imitarle — ¡ay!, bien miserablemente—. He pasado varios años en aquel querido y bendito Nazaret, como criado y sacristán del convento de las clarisas. No he dejado aquel bendito lugar más que para recibir, hace cinco años, las órdenes sagradas. Sacerdote libre de la diócesis de Viviers, mis últimos retiros del diaconado y sacerdocio me han mostrado que esta vida de Nazaret, mi vocación, era necesario vivirla, no en la Tierra Santa, tan amada, sino entre las almas enfermas, las ovejas más abandonadas. Este banquete divino, del cual yo soy el ministro, es necesario presentarlo, no a los hermanos y parientes, a los vecinos ricos, sino a los cojos, a los más ciegos, a las almas más abandonadas y faltas de sacerdotes. En mi juventud había recorrido Argelia y Marruecos: en Marruecos, grande como Francia, con diez millones de habitantes, no hay ningún sacerdote en el interior (2); en el Sahara argelino, siete u ocho veces grande como Francia, y más poblado de lo que antes se creía, no hay más que una docena de misioneros. Ningún pueblo me parece más abandonado que éstos; he solicitado y obtenido del muy reverendo prefecto apostólico del Sahara el permiso de establecerme en el Sahara argelino y de llevar en la soledad, la clausura y el silencio, en el trabajo manual y la santa pobreza, sólo o con algunos sacerdotes o laicos, hermanos en Jesús, una vida tan parecida como pueda a la vida ocul-

---

(1) Ver ABBE, Max Carón: *En el país de Jesús adolescente*. París, Haton, 1905, cap. VII.

ta del bienamado Jesús de Nazaret... Me he establecido hace tres años y medio en Beni Abbés, en el Sahara argelino, sobre la frontera misma de Marruecos, tratando, bien miserablemente y tibiamente, vivir esta bendita vida de Nazaret. Hasta el presente estoy solo... "El grano de trigo que no muere queda solo..." Pedid a Jesús, para que yo muera a todo lo que no es El y su voluntad. Un pequeño valle es mi clausura, del que no salgo más que cuando un deber imperiosísimo de caridad me fuerza —en defecto de otro sacerdote (el más próximo está a cuatrocientos kilómetros al Norte) —a llevar a Jesús a cualquier lugar. Así, me he visto obligado, en 1904, a viajar bastante... Heme aquí ahora, reingresado en mi clausura, al pie del divino Tabernáculo, para llevar, bajo los ojos del Bienamado, una vida lo más parecida a aquella de la divina casa de Nazaret, tanto como la miseria de mi corazón me lo permita.

ELECCION DE RETIRO DE LA ORDENACION SACERDOTAL

Fiesta del Santísimo Sacramento, 1901.—Nuestra Señora de las Nieves.

Quis (¿quién?). Aquel que debo seguir, imitar, a Jesús, el Salvador, el buen Pastor venido a "traer el fuego sobre la tierra" y "salvar lo que se ha perdido".
Ubi (¿dónde?). Allí donde sea lo más perfecto. No donde haya más posibilidades humanas de tener novi-

---

(2) Hoy los franciscanos y las religiosas de la misma Orden han comenzado a establecer puestos de misioneros y de obras de caridad en Marruecos.

cios, autorizaciones canónicas, dinero, terrenos y apoyos, no; sino donde sea lo más perfecto en sí, lo más perfecto, según las palabras de Jesús, lo más conforme a la perfección evangélica, lo más conforme a la inspiración del Espíritu Santo, allí donde Jesús iría...: a la oveja la más descarriada, al hermano de Jesús más enfermo, a los más abandonados, a aquellos que tienen menos pastores, a los que están en las más espesas tinieblas, en la sombra más profunda de la muerte; a los que son más cautivos del demonio, a los ciegos, a los mas perdidos. Primero a los infieles mahometanos y paganos de Marruecos y de los países limítrofes de Africa del Norte.

Quibus auxiliis (¿Con qué ayuda?). Jesús sólo; pues "buscad el Reino de Dios y su justicia, y el resto os será dado por añadidura", y "si vivís en Mí y si mis palabras viven en vosotros, todo lo que pidáis se os concederá". Jesús no ha dado ninguna ayuda a sus Apóstoles; si yo hago sus obras tendré sus gracias.

Cur (¿Por qué?). Es así como puedo glorificar más a Jesús, amarle más, obedecerle, imitarle... Es a esto a lo que me empuja el Evangelio, la atracción, mi director... Para dar a conocer a Jesús, el Sagrado Corazón, la santa Virgen, a los hermanos de Jesús que no le conocen; alimentar con la Santa Eucaristía a hermanos de Jesús que no le han gustado aún; bautizar a los que son aún esclavos del demonio; enseñar el Evangelio, la historia de Jesús, las virtudes evangélicas, la suavidad del seno maternal de la Iglesia, a hermanos de Jesús que no han oído nunca hablar de ellos.

Quando (¿Cuándo?). *Maria Abiit in montana cum festinatione* (3); cuando se está lleno de Jesús, se está

---

(3) María... Se fue apresuradamente al país de las montañas (San Lucas, cap. I, v. 39).

lleno de caridad; así, pues: desde que yo esté razonablemente dispuesto y que el espíritu de Dios sople, mi director me dirá: "Marchad..."

... ¿No sería mejor ir primeramente a Tierra Santa? *No*. Una sola alma tiene más valor que Tierra Santa entera y que todas las criaturas irracionales revividas. Es necesario ir, no allí donde la tierra es más santa, sino donde las almas tienen mayor necesidad...

Toda esta abyección, ¿no es ella un efecto y una tentación de amor propio y de orgullo? No: pues su efecto, en esta vida, será, no la consolación ni el honor, sino muchas cruces y humillaciones: "O tú serás despreciada o Yo seré glorificado; de las dos maneras, tú ganas" (Nuestro Señor a Santa Teresa).

¿Cuál es la prueba de que esta elección exprese la voluntad de Dios? Estas dos frases de Jesús: "Sígueme..." y "cuando invitéis a comer..., no invitéis a vuestros amigos y hermanos, ni parientes, ni a vuestros vecinos que sean ricos... Sino que cuando hagáis un festín, llamad a los pobres, los lisiados, los cojos y los ciegos" (San Lucas, XIV, 12-13).

RESOLUCIONES DEL RETIRO ANUAL DE 1902 BENI ABBES

I. *Preliminares.*—Imitar a Jesús, haciendo de la salvación de los hombres de tal manera la obra de nuestra vida, que esta palabra, Jesús, Salvador, exprese perfectamente lo que somos, como verdaderamente significa lo que El es... Para eso: "Ser todo para todos, con un único deseo en el corazón: el de ganar almas para Jesús..."

"Todo lo que hagáis a uno de estos pequeños me lo hacéis a Mí... Que vuestras buenas obras resplandezcan delante de los hombres, a fin de que ellas glorifiquen a vuestro Padre".

Apasionado deseo de salvar almas: hacer y ordenar todo para esto: que el bien de las almas sea ante todo, haciendo nuestros máximos esfuerzos para servirnos perfectamente de siete grandes medios que Jesús nos da para convertir y salvar infieles. Oblaciones del Santo Sacrificio, presencia en el Tabernáculo del Santo Sacramento, bondad, oración, penitencia, buen ejemplo, santificación personal —"Tal pastor, tal pueblo". "El bien que hace un alma está en razón directa de su espíritu interior"—. La santificación de los pueblos de esta región está, pues, en mis manos: será salvada si yo llego a ser un santo.

"Si alguno quiere venir conmigo, que se renuncie a sí mismo, tome su cruz y me siga..." Entremos por el camino estrecho: busquemos la cruz para seguir a nuestro Esposo crucificado para tomar parte en su Cruz y sus espinas; cruz, sacrificios, busquémoslos, seamos golosos de ellos, como los mundanos lo son de los placeres. "Si no aceptamos nuestra cruz no somos dignos de Jesús".

"Buscad el Reino de Dios y su justicia, y el resto se os dará por añadidura". "No os inquietéis por vuestra vida, de qué comeréis; ni por vuestro cuerpo, de qué os vestiréis". Regocijarnos grandemente cada vez que nos falta alguna cosa...

Repartir de ordinario mi tiempo de oración en dos partes: durante la una (al menos igual a la otra) contemplar, y si es necesario, meditar; durante la otra, rogar por los hombres, por todos, sin excepción, y por aquellos de los cuales estoy especialmente encargado. Recitar el Santo Oficio con un cuidado extremo; es el ramo cotidiano de rosas frescas, símbolo del amor siempre joven, ofrecido cada día al Bienamado, al Esposo...

Haced muy a menudo la *Comunión espiritual*, sin otros límites ni medida que aquel de mi amor, llamando cien y mil veces por día al Bienamado Salvador de mi alma...

"Quien os escucha, me escucha". "Aquel que se haga pequeño como un niño será el mayor en el Reino de los cielos..." En la duda, inclinarse siempre del lado de la obediencia...

Hacer, tanto como sea posible, actos de obediencia, no solamente para estar seguro de hacer la voluntad de Dios, sino para imitar a Jesús, sumiso en Nazaret; para obedecer a Jesús, que nos mandó hacernos como un niño pequeño; para amar lo más posible a Jesús en el cielo, eternamente, teniendo el mejor lugar para los que se han hecho los más pequeños de entre nosotros, por medio de la obediencia a los otros hombres, dentro de la humildad que esta obediencia exige...

Estoy en la casa de Nazaret, entre María y José, *apretado como un hermanito*, contra mi hermano mayor Jesús, noche y día, presente en la Santa Hostia. Obrar con el prójimo como conviene en este lugar, en esta compañía, como veo obrar a Jesús, que me da el ejemplo... En la "Fraternidad" (4), ser siempre humilde, dulce y servicial como lo eran Jesús, María y José en la santa casa de Nazaret. Dulzura, humildad, abyección, caridad, servir a los demás.

Lavar la ropa de los pobres (particularmente el Jueves Santo), limpiar su habitación regularmente, siempre que pueda, *yo mismo*. Hacer, en la medida de lo posible, *yo mismo*, y no otro, todos los quehaceres más bajos de la casa; mantener en estado de limpieza los

---

(4) Llamaba así a su ermita de Beni Abbés, donde acogía las visitas de los nómadas y de la gente del pueblo. A él le gustaba llamarse el *Hermano Universal*.

locales ocupados por los indígenas; tomar a mi cargo todo lo que es *servicio* y parecerme a Jesús, que estaba entre los Apóstoles en la actitud "del que sirve"... Y seamos dulcísimos con los pobres, y con todos los hombres; esto es también una humillación. Hacer la cocina de los pobres cuando pueda; llevarles de beber y comer; no dejar este servicio a los demás...

En cualquier enfermo ver, no a un hombre, sino a Jesús; de donde viene el respeto, amor, compasión, alegría y agradecimiento de tener con qué cuidarle, celo y dulzura... Servir a los enfermos como a los pobres, esforzándome en hacer a unos y a otros los servicios más abyectos, como Jesús lavando los pies de los Apóstoles... Soportar la presencia de los malos, con tal que su maldad no corrompa a los demás: como Jesús soportó a Judas. No oponerse al mal... Acceder a las peticiones, aun injustas, por obediencia a Dios y para hacer por medio de esta condescendencia bien a las almas y hacer a los demás lo que Dios hace... Continuar haciendo bien a los ingratos para imitar a Dios, que hace llover sobre buenos y malos... "Si no sois buenos más que para los buenos, ¿dónde está vuestro mérito?" "Sed buenos para con los malos, para con los ingratos, los enemigos, como Dios mismo". "Todo hombre *viviente*, por malo que sea, es hijo de Dios, imagen de Dios, miembro de Jesús: respeto, amor, atenciones, ternuras, para el alivio material; celo extremo por la perfección espiritual de cada uno de ellos".

No buscar poseer mucho para hacer grandes limosnas, lo que sería muy contrario al ejemplo del Señor. Pero, como El, vivir del trabajo de mis manos y dar esto poco, como El, a quien pide..., o tiene necesidad.

"Yo he venido a llamar, no a los justos, sino a los pecadores..." No tener más que un deseo en el corazón, dar Jesús a todos... Ocuparme especialmente de las ovejas perdidas, de los pecadores, de los malos; no dejar las noventa y nueve ovejas descarriadas para estarme tranquilamente en el redil con la oveja fiel... Vencer esta severidad natural que experimento contra los pecadores, y también el disgusto, y reemplazarlos por la compasión, el interés, el celo y los cuidados solícitos dados a sus almas.

Desear, amar, estar contento por sufrir frío, calor, de todo: para poder tener un mayor sacrificio que ofrecer a Dios; estar más unido a Jesús, ser capaz de glorificarle pagando además un tributo de sufrimiento, para recibir en la tierra y en el Cielo un mayor conocimiento y amor de Jesús... Caunto más todo nos falta, más nos parecemos a Jesús crucificado... Cuanto más nos peguemos a la Cruz, más nos estrechamos con Jesús, que en ella está clavado... La Cruz es una ganancia, pues ella nos une a Jesús...

No tener nada más ni mejor que lo que podía tener Jesús de Nazaret. Alegrarse y desear tener menos, en vez de más.

... En cualquier minuto vivir hoy como si debiera morir mártir esta noche.

"Una cosa es necesaria": Haced en todo momento lo que agrade más a Jesús. Prepararse sin cesar para el martirio y recibirle sin sombra de defensa, como el Cordero divino, en Jesús, por Jesús y para Jesús...

... Alegrarnos, no de poseer, sino de la falta de cosas, de la falta de éxito y de la penuria, pues entonces tengo la Cruz y la pobreza de Jesús, los mayores bienes que puede dar la tierra...

Abyección; servicio a los demás... Fijarme un cierto número de trabajos diarios, bien abyectos, y hacerlos, como Jesús en Nazaret, "venido a servir"... Suprimir el ordenanza (5): "Servir, no ser servido".

1.° *Observación:* "El descendió con ellos y fue a Nazaret"; 2.° *Examen:* Mis palabras, mis cartas, ¿son ellas las de Jesús de Nazaret? ¿Hay en ellas demasiado o no lo suficiente? ¿Son ellas lo que deben de ser?

Resoluciones.—Disminuir (en general, la extensión de las cartas, pero no el número): hablar (en general) poco a cada uno y sopesar mis términos para decir todo lo que haya que decir en palabras precisas y breves; orar (haced una Comunión espiritual) antes de hablar a algunos por escrito o de viva voz... Hablar más de lo que lo hago de Dios, de Jesús... Aumentar mi conversación con los humildes, acortarla con los poderosos... En las situaciones embarazosas, orar... En caso de duda, callarme...

Sagrado Corazón de Jesús, os entrego estas resoluciones y os suplico que este retiro y todos los momentos de mi vida sean para vuestra mayor gloria.

Madre del Perpetuo Socorro, me entrego para siempre en vuestras manos para que en la vida y en la muerte hagáis siempre lo que queráis de mí, llevándome, en esta vida y en la otra, entre vuestros brazos, como llevasteis al Niño Jesús. ¡Oh, Madre mía amadísima!

Desasimiento, despojo de Jesús: "Si os quieren tomar vuestro manto, dadles también vuestra túnica". Si yo poseo a Jesús, estoy solamente unido a El, a sus palabras, ejemplos y voluntad. Poseerle, obedecerle, imitarle, no hacer más que uno con El, perderme en El, por medio de la pérdida de mi voluntad en la tuya... Todo esto pregona desasimiento total de todo lo que no sea El... No desear la posesión, pues El solo

---

(5) Uno de los soldados de la guarnición de Beni Abbés había ido benévolamente a la ermita para hacer algunos trabajos manuales.

grita: desasimiento. Sus ejemplos dicen: desasimiento. Su voluntad grita: desasimiento...

Ver sin cesar a Jesús en mí, haciendo en mí su morada con su Padre...

Trabajar con todas mis fuerzas para santificarme: ¡Mortificación, mortificación! ¡Penitencia, muerte! Es cuando más se sufre, cuando más se santifica uno: "Si el grano de trigo no muere, no produce nada... Cuando sea elevado sobre la tierra, atraeré todo a Mí". No es por sus divinas palabras, ni por sus milagros, ni por los beneficios, por lo que Jesús salva al mundo; es por medio de su Cruz; la hora más fructífera de su vida es aquella de las bajezas y de los anonadamientos, aquella en que se encontró más sumergido en el abismo del sufrimiento y de la humillación...

La obediencia es la medida del amor; sed de una obediencia perfecta para tener una obediencia asimismo perfecta...

Para trabajar lo mejor que pueda en la glorificación de Dios, porque en lugares infieles alejados, donde nadie conoce a Jesús, donde las mayores fiestas, Navidad, Pascua, todo el año se deslizan sin una sola misa, sin una oración, sin que una boca pronuncie el nombre de Jesús; para que en esos lugares haya sagrarios y sacerdotes; para que se digan numerosas misas y los Sacramentos sean recibidos; para que suban al cielo fervorosas oraciones; para que la vida cristiana derrame sus gracias; para que sobre numerosos altares esté perpetuamente expuesta la Santa Hostia y sea día o noche adorada por fervorosos religiosos y religiosas, un solo medio: *Santificarme lo más posible...*

La hora mejor empleada de nuestra vida es aquella en que amamos más a Jesús...

Un alma hace bien, no en la medida de su ciencia o inteligencia, sino en la de su santidad...

Envolver a todos los hombres, a la vista de Dios, en un mismo amor y olvido. No cuidarse de la salud y de la vida más que el árbol de una hoja que cae.

Acordarnos de Jesús solo, pensar en Jesús solo, creyendo ser ganancia de cualquier pérdida, al precio de la cual hagamos en nosotros la plaza más grande a la idea y al conocimiento de Jesús, al lado de todo lo cual el resto es nada.

"Reservar todas mis fuerzas para Dios".

Vigilia.—"Te envito a quedar durante la noche en conversación íntima conmigo... ¿Te niegas?

Velándome, contemplándome, dime que me amas, adórame; ruega por todos los hombres; pídeme perdón por aquellos que pecan en este momento y están en vela para ofenderme".

Siendo negligente en la vela y perezoso para levantarme: 1.°, me niego a ir a los pies de Nuestro Señor a hacerle compañía íntimamente cuando El me llama para ello; 2.°, deseo mejor dormir que entrevistarme con Nuestro Señor, conversando con El en la intimidad y la unión de Esposo; 3.°, me niego a pasar a los pies de Nuestro Señor una hora que no volverá nunca más; 4.°, me preparo bien mal para el martirio: "Ellos no responden nada: no saben qué decir a su amigo Jesús,

aquellos que con valeroso ánimo aspiraban al martirio; han quedado mudos, y pronto huirán, perdidos".

Mortificación.—Por la cobardía en mortificarme, me niego a llevar la Cruz. Me niego a ser víctima con Nuestro Señor. Me niego a seguirle después de haberme dicho *Veni.* Me niego a ayudarle a llevar su Cruz con Simón de Cirene. Mientras que El cae bajo la Cruz, por mí y a causa de mí, me niego a tocarla con la punta del dedo. Le veo sufrir y le dejo sufrir solo; no quiero sufrir con El, dejo la plaza a otro, y yo me separo de El. Resisto a su invitación interior, por la cual me invita a darle una señal de mi amor. Me niego a obedecer su orden. Yo, que tanto le he dicho que obedecer era toda mi felicidad. No le amo suficiente para molestarme por El. Sé que cualquier pena y sufrimiento que le ofrezco es una señal que El ha dado: prefiero mejor estar cómodo que darle esa prueba. Sufre por mí y a causa de mí el frío, el hambre, la sed, el calor, la fatiga, las dificultades, la agonía y la Pasión..., y yo busco dejarle sufrir solo y evitar para mí todas esas mismas cosas... Busco dejarle sufrir solo y evitar para mí cualquier sed, hambre, fatiga, dificultad, fastidio, cualquier pena del cuerpo o del alma. El me tiende la mano para hacer juntos el camino en la vida cogido de la suya; yo rechazo su mano y le dejo partir solo y busco por mi cuenta un camino menos arduo. El me pide ofrecerle una oblación, un sacrificio, y yo me niego...

Vida perdida en Dios —lo más perfecto—. Continuar en mí la vida de Jesús: Pensar sus pensamientos, decir sus palabras, hacer sus actos... Que sea El quien viva en mí. Ser la imagen de Nuestro Señor en su vida oculta; pregonar por mi vida el Evangelio sobre los tejados. *"Veni:* es necesario que el valor esté a la altura de la voluntad". "Búscate en Mí. Búscame en ti". "Es la hora de amar a Dios". Buscar a Dios solo. Bondad, delicadeza, suavidad... Animo... Humildad...

CORRESPONDENCIA DE 1901 A 1916
(Extractos)

A un trapense.

Nuestra Señora de las Nieves, 17 julio 1901.

Con fidelidad he pensado en Vos durante este largo silencio... Silencio, Vos lo sabéis, es todo lo contrario de olvido y de frialdad: *in meditatione exardescet ignis...* Es en silencio cuando se ama más ardientemente; el ruido y las palabras apagan a menudo el fuego interior: quedemos silenciosos, mi querido Padre; como Santa Magdalena y San Juan Bautista, supliquemos a Jesús que alumbre en nosotros este gran fuego que hacía su soledad y silencio tan bienaventurado. ¡Cómo supieron ellos amar!... Mi primer paso al desembarcar, procedente de Tierra Santa, ha sido subir a la Santa Baume. Pueda esta querida y bendita Santa Magdalena enseñarnos el amor; a perdernos totalmente en Jesús, nuestro Todo, y a estar perdidos para todo lo que no sea Él.

Si yo contase conmigo mismo, mis deseos serían insensatos, pero yo cuento con Dios, que nos ha dicho: "Si alguno quiere servirme, que me siga", que frecuentemente ha repetido también esta frase: "Seguidme"; que nos ha dicho: "Amad a vuestro prójimo como a vosotros mismos..., haced a los demás lo que quisierais que os hiciesen..." No me es posible practicar el precepto de la caridad fraterna sin consagrar mi vida a hacer todo el bien posible a estos *hermanos de Jesús*, a quienes *todo* falta, puesto que Jesús les falta... Si yo me encontrara en el caso de estos desgraciados musulmanes que no conocen ni a Jesús ni su Sagrado Corazón, ni a María, nuestra Madre, ni a la Santa Eucaristía..., nada de lo que hace toda nuestra felicidad aquí abajo, y nuestra esperanza allá arriba; y si yo conociera mi triste estado, ¡oh!, ¡cómo querría que se hiciera lo posible para sacarme de él! Lo que yo quiera para mí, debo hacerlo por los otros; "Haz lo que quisieras que te hagan..." Y yo debo hacerlo por los más abandonados: ir a las ovejas más perdidas, ofrecer mi festín, mi banquete divino, no a mis hermanos, ni a mis vecinos ricos (ricos del conocimiento de todo lo que estos desgraciados no conocen), sino a los ciegos, a los mendigos, a los lisiados, mil veces más dignos de lástima que aquellos que no sufren en su cuerpo... Y yo no creo poder hacerles mayor bien que aquel de llevarles, como María a la casa de Juan cuando la Visitación, a Jesús, el bien de los bienes, el supremo santificador, Jesús estará siempre presente entre ellos en el Tabernáculo... Jesús ofreciéndose cada día sobre el santo altar por su conversión; Jesús bendiciéndonos cada tarde, después de la Exposición en la Bendición; he aquí el bien de los bienes, nuestro Todo, y, al mismo tiempo, aun callando, se hará conocer a esos hermanos ignorantes, no por medio de la palabra, sino por el ejemplo, y sobre todo por la universal caridad, lo que es nuestra santa religión, lo que es el espíritu cristiano, lo que es el Corazón de Jesús.

Amemos a Jesús, perdámonos delante del Santísimo Sacramento: allí está el Todo, lo infinito, Dios...; comprendamos el abismo que existe entre el Creador y la criatura: es el Todo al lado de la nada. Mientras que Jesús quiere embriagarnos de delicias por su presencia, su pensamiento, su contemplación continua, no nos metamos en la basura de las cosas pasajeras; no merezcamos el reproche de Jeremías; *Vescebantur voluptuose et amplexati sunt stercora...* Dejémonos alimentar de voluptuosidades por medio de la mano de Jesús en la contemplación y el amor y no nos pongamos a comer *stercora*... ¡Oh, podamos perdernos y sumergirnos hasta la muerte en el océano del amor de nuestro bienamado Jesús! Amén.

A su hermana.

Sábado, 14 junio 1902.

¿Cuándo llegará para nosotros la hora de aparecer delante de Jesús y entrar en el Cielo, donde su Corazón nos quiere? ¡Qué bendito momento! *Sicut desiderat cervus ad fontes aquarum: ita desiderat anima mea ad Te, Deus!* ¡Por,mucho tiempo que su voluntad nos quiera en este exilio, que ella se haga y sea bendita! Pero ¡qué felicidad cuando nos durmamos sobre el corazón de nuestro divino Esposo! ... ¡Qué suave será encontrarnos allí arriba, en ese retiro de la luz y del amor! Nuestros corazones se amarán todavía mucho más que aquí abajo, inflamados como estarán por los fuegos de la eterna caridad.

4 julio 1902.

Es tan cierto que esa querida alma (6) es feliz, que ella está presente en la estancia de la luz y del amor eterno, que no debemos entristecernos, sino más bien alegrarnos juntos, diciéndonos que aquella a quien amamos es ya dichosa; ella ha llegado a donde nosotros querríamos estar, ha llegado al bienaventurado puerto, al que llegamos con el temor de no entrar en él, de

---

(6) Carlos de Foucauld hace aquí alusión a la muerte de uno de sus familiares.

temores y de dolores... Verla en ese país de la "eterna belleza", por encima de la región de las nubes, perdida en la infinita luz y en el infinito amor. Es dulce pensarlo, dulce pensar que ella es tan feliz; suave también pensar que la mayor parte de aquellos que hemos conocido y amado están sumergidos como ella en este mar sin límites del amor y de la felicidad; suave, pensando que estaremos allí en un porvenir que puede ser próximo; suave pensar también que, a pesar de mi indignidad, estoy llamado a ir yo, asimismo.

A un amigo.

5 enero 1903.

¡Cómo habréis sufrido! ¡Cuántos duelos y dolores! Yo diría ¡ay, ay!, y lloraría vuestros dolores, si no pensase que ellos son su eterno gozo, vuestro cielo, vuestra felicidad sin fin de luz y de amor y que vuestro Esposo bienamado Jesús os los da para eso. Aun participando en ellos y compadeciéndole desde lo más profundo de mi corazón, no puedo decir, ¡ay!, cuándo es la mano, el Corazón de Jesús el que os lo da, y estas hierbas tan amargas que os da son para colmaros mejor de dicha durante la eternidad. ¡Que la voluntad de Jesús se haga en usted!

A una religiosa clarisa.

En nuestras oraciones, pidamos amarle, y que todo el mundo le ame; o bien —y éste creo es el mejor sistema— digámosle cada mañana que todo lo que le pedimos para nosotros lo pedimos para todos los hombres, sin excepción. Y, después de dicho esto, no nos ocupemos más de los demás; hemos hecho de un solo golpe todo lo que podríamos hacer por ellos: después de esto no pensemos más en las criaturas y no hablemos más al Esposo que de El y de nosotros, como si El y nosotros estuviéramos solos en el mundo... Entremos en la intimidad con El y no le hablemos de otra cosa que de nuestro amor... Perdamos de vista todo lo creado, después de haber hecho desde la mañana todo lo que podamos por ello... Cuanto más nos olvidemos de los hombres, más beneficios les haremos; cuanto más pidamos al Esposo, en la intimidad, en el olvido de todo lo que no sea él, cuanto más le amemos con todo nuestro corazón, más bien haremos a la humanidad entera que lo que puedan hacer nuestras peticiones...

A su hermana.

Beni Abbés, 15 abril 1903.

¡Aleluya! Así es la vida: cualquier alegría, aun las buenas y piadosas, es una cosa terrena, excepto aquellas que tienen su origen sólo en Dios y en su infinito gozo; y éste, aun por permisión divina, puede a veces velarse, aun en el alma más fiel: en el cielo es solamente donde la alegría no tiene fin, es el aleluya inmutable y perfecto... Desde este mundo entremos lo más posible en la inmutabilidad de la vida de los cielos: el alma piadosa lo puede y lo debe hacer; pues tendremos allá arriba la evidencia, la claridad, la fe nos lo enseña, y en la medida de nuestra fe y de nuestro amor, debemos alegrarnos ya de esta inmensa gloria de Jesús que hace el gozo de los santos...

Pensemos a menudo que nuestro Bienamado es feliz y agradezcámoslo a Dios con toda nuestra alma.

Si sufrimos y somos miserables, nuestro Bienamado es feliz e infinitamente perfecto, santo y glorioso; esto basta, pues es a El a quien amamos y no a nosotros.

Si aquellos a quienes amamos aquí abajo —y debemos amar a todos los humanos, nuestros hermanos— sufren o pecan, esto no evita a nuestro Bienamado el ser bienaventurado y glorioso en lo más alto de los cielos; esto basta, pues es a El a quien amamos "con todo nuestro corazón, con toda nuestra alma, con toda nuestra mente, con todas nuestras fuerzas y por encima de *cualquier otra cosa*"...

Démosle gracias sin cesar para su mayor gloria, como la Iglesia lo hace en la misa, al *Gloria in excelsis*... Unámonos desde esta vida al coro de los santos y de los ángeles del cielo, y con ellos digamos: "Santo, santo, santo, ¡aleluya!"

A su hermana.

1 abril 1903.

Penas y alegrías, consuelos y pruebas, todo procede de ese Corazón bendito; todo es concedido para tu mayor bienestar, para tu santificación, para aumentar en este mundo y en el otro tu conformidad con El, tu unión a El... "Todo es para el bien de los que aman a Dios..." Piérdete enteramente en el Corazón de Jesús: es nuestro refugio, nuestro asilo, la casa del pájaro, el nido de la tórtola, la barca de Pedro para atravesar el mar en tempestad: ahora El es dichoso, no conoce el sufrimiento. Cuando sufras piensa en su dicha, dite que su felicidad es la que quieres y no la tuya, a El a quien amas y no a ti; y en el seno de tus aflicciones, de tus tristezas, inquietudes, dudas y pruebas, regocíjate de su felicidad infinita e inmutable y de su inmensa paz...; el pensamiento de la dicha y de la paz, de la que El goza, en "la bienaventurada y tranquila Trinidad", te llene en este mundo de dicha y paz, esperando que su misión sea tu felicidad y tu paz eterna. ¡Aleluya, aleluya! Nuestro Bienamado es bienaventurado; ¿qué nos falta? ¡Aleluya, aleluya!

A su hermana.

6 octubre 1908.

Querida mía: no me siento con fuerza para hablarte ni de mi ermita, ni del huerto, ni del tiempo; todo esto pasa... Las instalaciones se hunden antes de estar terminadas... ¡Es una palabra tan extraña y ridícula decir *instalarse* para los hombres, que no tienen más que un día para pasar sobre la tierra! ... Todo nos lleva hasta las cosas eternas, y es de ellas de lo que es suave hablar: es hablar de la Patria, de encontrarnos otra vez... ¡Es verdaderamente el todo; el resto es tan poca cosa! ...

A su hermana.

Beni Abbés, Lunes Santo, 1903.

Cuanto más el alma se olvida de sí misma y entra en el arrobamiento del gozo de Jesús, más entra en la paz, que hace decir: "Bienaventurados los pacíficos..."

Al reverendo Padre Guerin.

Prefecto Apostólico del Sahara.

Miércoles Santo, 1903.

¡Que Jesús convierta muchas almas! ¡Que un día llegue a donde tantos sepulcros se abren en que el aleluya resuene en todos los lugares de infieles que usted recorre!

Al mismo.

27 febrero 1903.

Soy un miserable sin fin; sin embargo busco algo bueno que tengo en mí y no encuentro otro deseo más que éste: *Adveniat regnum tuum! Santificetur nomen tuum!* Me pregunta si estoy dispuesto a ir a otro sitio que no sea Beni Abbés para la extensión del Evangelio. Estoy dispuesto, para ello, a ir hasta el fin del mundo y a vivir hasta el Juicio final...

No crea que mi género de vida, la esperanza de gozar lo antes posible de la visión del Bienamado tenga otra razón. No, yo no quiero otra cosa que hacer lo que a El le guste más. Si practico el ayuno y la vigilia es porque Jesús nos ha amado; deseo sus noches de oración en las cumbres de las montañas, querría estar en su compañía: la noche es la hora de la intimidad, la hora de la charla amorosa, la hora de la vela sobre el Corazón del Esposo... ¡Ay! Soy tan frío, que no me atrevo a decir que amo; pero yo quiero amar... Querría esas intimidades nocturnas... He aquí por lo que amo la vigilia...

Os repito que tengo tranquila la conciencia; que no me mato; lejos de ello —¡soy tan cobarde!—; pero, por obedeceros filialmente, voy, sin embargo, a mejorar mi *pulmentum*. Y estad seguro que por Jesús estoy dispuesto a todo sin restricción...

Yo os pido una cosa: rogad por que ame; rogad ¡para que ame a Jesús!; rogad para que ame su Cruz; para que ame la Cruz, no por ella misma, sino como el solo medio y camino de glorificar a Jesús: "El grano de trigo no produce fruto si no muere... Cuando seré levantado, entonces atraeré todo hacia Mí". Y, como hace notar San Juan de la Cruz, es a la hora de su anonadamiento supremo, de su muerte, cuando Jesús ha hecho el mayor bien, cuando ha salvado al mundo... Obtener, pues, de Jesús que yo ame verdaderamente la Cruz, pues ella es indispensable para hacer bien a las almas... Y yo la llevo muy poco, soy cobarde, me concedo virtudes que no tengo... Y soy el más feliz de los hombres...; rogad por mi conversión para que ame a Jesús y haga en todo momento lo que a El le guste más. Amén.

Al reverendo Padre Guerin.

9 marzo 1903.

¿Qué quiere el Corazón de Jesús?... Soy el esclavo de ese divino Corazón. He aquí una esclavitud que no quiero abolir nunca, sino que suplico al divino Bienamado que remache más y para siempre los hierros... Decidme la voluntad del Corazón de Jesús; yo la haré...

A una de sus sobrinas.

15 noviembre 1903.

Si un negrito estuviera amado y colmado de bienes por un gran rey, el negrito ¿no debería devolver amor por amor a ese buen rey? Ese Rey es Jesús; nosotros somos los negritos.

A un amigo.

3 julio 1904.

Si yo fuera fiel a mis más pequeños deberes de cada momento, ¿qué bien no haría? Pero a causa de mis infidelidades, en todo instante soy estéril y quedo solo... La conversión de este pueblo en el que yo vivo, y al que por primera vez probablemente visita la Santa Hostia, la llegada de numerosos y santos obreros evangélicos, he aquí lo que yo obtendría del Corazón de Jesús si cumpliese mi deber; esto es lo que os suplico que obtengáis, así como mi propia conversión.

A un amigo.

18 febrero 1905.

Las penas de la tierra están hecha para hacernos sentir el exilio, hacernos suspirar por la Patria...; ellas nos hacen llevar la Cruz de Jesús, participar en su vida, parecernos a El...; nos valen el perdón de nuestras faltas y las de los demás, el cielo para nosotros y los demás... Nos arrancan de las criaturas para entregarnos al Creador.

Al reverendo Padre Guerin.

30 noviembre 1905.

Acabo de hacer mi retiro anual, pidiendo a Jesús luz... El resumen es éste: debo hacer lo más posible por las almas de estos pueblos infieles, en un olvido total de mí. ¿Por qué medios? Por medio de la presencia del Santísimo Sacramento, el Santo Sacrificio, la oración, la penitencia, el buen ejemplo, la bondad, la santificación personal; empleando yo mismo estos medios y haciendo todo lo posible para que se multipliquen aquellos que los emplean.

Puesto que Jesús permite que las manos de los hombres pongan tantos obstáculos a su obra en este momento, intentad obtener oraciones para vuestro pueblo: oración y sacrificio lo obtienen todo, y así no hay ningún obstáculo; nada puede estorbar a las almas fieles que lloren y sufran por vuestro rebaño tan descarriado...

A un amigo.

26 agosto 1905.

Quedaré solo..., dichoso..., dichosísimo, de estar solo con Jesús solo para Jesús... No os inquietéis; estamos usted y yo entre las manos del Bienamado... Es mejor para nosotros tenerle como guardián que tener todos los soldados del mundo... Si yo tuviera la suerte de mi tío-abuelo Armando (7). ¿No seríais di-

---

(7) Armando de Foucauld de Pontbriand, vicario general del arzobispado de Arlés, fusilado por odio a la fe por los revolucionarios en el convento de carmelitas el 2 de septiembre de 1792.

choso? Jesús ha dicho que ésta es la mayor señal del amor. ¿Estaríais contento de vérmela dar? No creo, sin embargo, que esto llegue: *non sum dignus...*

Rogad para que sea fiel a este divino Jesús, que se ha hecho tan pequeño para hacerme compañía en esta casa aún más pequeña que la de Nazaret.

A un amigo.

16 diciembre 1905.

Procuro hacer día a día la voluntad de Jesús, y estoy en una gran paz interior.

No os atormentéis por verme solo, sin amigos, sin socorro espiritual; no sufro nada por esta soledad, la encuentro dulcísima; tengo al Santo Sacramento, el mejor de los amigos, a quien hablar día y noche; tengo a la Santa Virgen y a San José, a todos los santos: soy feliz y nada me falta.

¡De qué manera Dios da a cada uno su Cruz! Enrojezco de llevarla tan poco. ¡Es necesario que yo sea lo que es bien cierto: un mal, cobarde y débil servidor!

A un amigo.

15 enero 1906.

¡Qué bueno será estar en el cielo! Después de esta vida llena de tantas dulzuras, de una divina paz, de tantos sufrimientos, de miserias y de males... La dulzura y la paz son tanto más profundas y divinas cuanto más se hunde uno dentro del Corazón de Jesús y en su puro amor..., y el dolor y el mal son mayores desde que se sale un poco de él y sobre todo cuando se aleja uno del mismo!

Al reverendo Padre Guerin.

2 abril 1906.

¡Dios os guarde! Soy el más feliz de los mortales: la soledad con Jesús es una intimidad deliciosa, pero yo querría que el bien se haga, se extienda, se propague: siempre, *non mea voluntas sed tua fiat.*

5 abril 1906.

¡Cuán bueno es Dios cuando alivia. así a las almas que El ve próximas a doblarse bajo la carga! ¡Cómo sabe mezclar nuestra vida de consuelos y dolores! Suficientes dolores para estar unidos a su Cruz, tantos como cada uno pueda llevar para poder recompensarle lo más posible; y suficientes consuelos para devolver las fuerzas a las almas agotadas y permitirlas —después de un descanso— llevar de nuevo la Cruz. ¡Cuán tierno y suave es y cómo El organiza nuestra vida mejor que nosotros podríamos hacerlo! ¡Cuán bajos y groseros somos, qué pobre polvo somos! Y ¡cómo El busca nuestro verdadero bien y sabe darnos a todas horas el alimento necesario! ¡Qué felices somos al estar entre las manos de tal Pastor!

A un amigo.

15 julio 1906.

Ahora que la vida está casi terminada para nosotros... La luz en donde entraremos a nuestra muerte, comienza a lucir y hacernos ver lo que es y lo que no es... Este desierto me es profundamente agradable. ¡Es tan dulce y sano meterse en la soledad a la vista de las cosas eternas! Se siente uno invadir por la verdad. Sin embargo, me resulta duro viajar y abandonar esta soledad y silencio. Pero la voluntad del Bienamado, cualquiera que sea, debe ser, no solamente preferida, sino adorada, querida y bendita sin medida...

A un amigo.

4 septiembre 1907.

La tierra no tiene más que horas de consuelo y de tregua. Que Jesús os los dé, si ésa es su voluntad; con todo mi corazón, le suplico os colme de gracias que os santifique a usted y a sus hijos... Pedirle que os consuele no me atrevo. El os ama más que lo que os pueda amar un corazón humano y sabe mucho mejor que nosotros lo que le conviene, no soy yo, ¡pobre oveja!, quién para dar consejos a semejante Pastor; que El cumpla en usted su voluntad; El, que tanto le ama; esto es lo que mi corazón cree más conveniente pedir para usted.

Mi vida interior es sencilla. Veo mi camino claramente trazado. Todo el trabajo es corregirme de mis innumerables faltas y hacer mañana lo mismo que ayer, pero haciéndolo mejor. Es la paz, con una cierta tristeza proveniente del orgullo y del amor propio y de la cobardía de verme al atardecer de la vida tan miserable y habiendo producido tan poco fruto.

A un amigo.

18 noviembre 1907.

Mi presencia ¿hace algún bien aquí? Si ella no hace nada, la presencia del Santo Sacramento lo hace mucho, ciertamente: Jesús no puede estar en un sitio sin irradiar... Además, el contacto con los indígenas les familiariza, les aprovisiona, hace desaparecer poco a poco sus prevenciones y prejuicios. Es lento, y bien poca cosa; rogad para que yo haga más bien y que obreros mejores que yo vengan a roturar este rincón del campo del Padre de familia. Para este Sahara, que es ocho o diez veces más grande que Francia, y que, sin estar más poblado, está habitado por todas partes, no hay más que diez o quince sacerdotes, todos en El Golea o en Uargla... Hay dificultades de todos géneros y por todos lados... Se tiene pena, sin entristecerse, viendo el mal reinante por todos lados, el poco bien, los enemigos de Dios tan emprendedores, sus amigos tan vacilantes y viéndose uno mismo tan miserable, ¡después de tantas gracias! ... Y, por tanto, no es necesario entristecerse, sino mirar más alto, hacia nuestro Bienamado.

A un amigo.

8 marzo 1908.

Navidad y la huída a Egipto son una de mis devociones más queridas; tengo una gran necesidad, en mis idas y venidas, de pensar en este viaje de Jesús y de sus padres para unirme a El y tratar de imitarlos en su amor, su contemplación, su adoración y su alegría: nosotros también tenemos siempre con nosotros al Bienamado.

Al reverendo Padre Guerin.

1 julio 1908.

Hay una palabra de la Santa Escritura de la cual debemos, yo creo, siempre acordarnos: es que Jerusalén ha sido reconstruída *in angustia temporum* (Daniel). Es necesario trabajar toda nuestra vida *in angustia temporum*. Las dificultades no son más que un estado pasajero que hay que dejar pasar como una borrasca, para ponernos al trabajo cuando el tiempo esté calmado; no, ellas son el estado normal; es necesario pensar, vivir toda nuestra vida para las cosas buenas que queremos hacer, *in angustia temporum*.

A un amigo.

4 junio 1908.

Es necesario que todo el país fuese cubierto de religiosos, religiosas y de buenos cristianos de los que quedan en el mundo, para tomar contacto con todos estos pobres musulmanes, para acercarlos suavemente, para instruirlos, civilizarlos, en fin, cuando ellos serán hombres y hacer cristianos. A los musulmanes no se puede hacerlos primeramente cristianos y civilizarlos después. El único camino posible es otro, mucho más lento: instruir y civilizar primero; convertir después... Pero sería necesario para esto un esfuerzo: no será sin éste como se puede llevar lentamente a Jesús a los cuatro millones de musulmanes de Argelia. En esta parte del Sahara en que yo estoy, entre aquí y Beni Abbés, hay cien mil almas... Todos tienen derecho a que se trabaje por la salvación de sus almas; los *Tuaregs* más todavía que los demás, si es posible... Las almas tienen todas el mismo precio, el de la Sangre de Jesús; pero no pudiéndose ocupar ahora de todas, me parece que es necesario interesarse primero por las que dejan esperar los más prontos y mejores resultados; los *Tuaregs* son de éstos: es una raza nueva, fuerte, inteligente...

A un amigo.

9 abril 1900.

Sería demasiado dulce sentir que amamos a Jesús, que somos amados por El y que estamos dichosos de su felicidad: si nosotros sintiéramos eso, la tierra sería un cielo. Contentémonos con querer y saber, con más mérito y menos dulzura...

Al Padre Caron.

20 junio 1909.

No os asombréis por las tempestades presentes. La barca de Pedro, ha visto muchas. Pensad en la noche del día en que fueron martirizados San Pedro y San Pablo. ¡Qué oscura debía parecer para la pequeña cristiandad! Los primeros cristianos no se desanimaron. Nosotros, que tenemos, para fortificar nuestra fe, dieciocho siglos de vida de la Iglesia, ¡qué pequeños nos deben parecer estos esfuerzos del infierno, de los cuales Jesús ha dicho "que no prevalecerán"; ni los judíos ni los francmasones pueden impedir a los discípulos de Jesús continuar la obra de los Apóstoles; que tengan sus virtudes y tendrán el mismo éxito. A nosotros, como a ellos, Jesús dice, bendiciéndonos: "Id, predicad el Evangelio a todas las criaturas"; asimismo, "podemos todo en Aquel que nos conforta"; "El ha venido al mundo". Lo mismo que El, tendremos siempre la Cruz; como El, seremos siempre perseguidos; lo mismo que El, seremos siempre los triunfadores, en realidad, y esto en la medida en que le dejemos obrar y vivir en y por nosotros. Estamos con el Omnipotente, y los enemigos no tienen más poder que aquel que a El le place darles para ejercitarnos, santificarnos, hacernos conquistar victorias espirituales —las solas verdaderas y eternas— para su Iglesia y sus elegidos.

... Pero volvamos al Evangelio: Si no vivimos del Evangelio, Jesús no vive en nosotros. Volvamos a la pobreza, a la sencillez cristiana... Después de diecinueve años pasados fuera de Francia, lo que más me ha llamado la atención en algunos días pasados en ella, ha sido el progreso que ha hecho, en todas las clases de la sociedad, sobre todo en la clase menos rica, aun en familias muy cristianas, el gusto y el hábito de inutilidades costosas; con una gran ligereza y con hábitos de distracciones mundanas y frívolas, desplazados en tiempos tan graves de persecución y completamente en desacuerdo con la vida cristiana. El peligro está en *nosotros* y no en nuestros enemigos. Nuestros enemigos no pueden otra cosa que hacernos conquistar victorias. El mal no podemos más que recibirlo de nosotros mismos. Volver al Evangelio es el remedio.

A su amigo.

31 julio 1909.

¡Cómo querría ver a los cristianos fieles de Francia ocuparse un poco de esta población argelina, para la cual ellos tienen deberes de padres para con sus hijos, puesto que es tierra francesa que muere en el islamismo!

Al reverendo Padre Guerin.

31 octubre 1909.

¡Que Dios haga de 1910 un año de gracia para el Sahara! ¡Hace diecinueve siglos que esta tierra y estas almas esperan el Evangelio!

4 febrero 1910.

Yo haré lo que pueda y Dios hará lo que Él quiera. Rogad por mí para que mi vida sea tal que Él pueda servirse de mí para hacer un poco de bien. Sea lo que sea, si yo soy bueno, mi paso por la tierra será útil a las almas; si yo soy malo o tibio, bien pudiera serlo, ningún bien se hará por mi mediación...

Al Padre Caron.

16 julio 1910.

¡Oh, sí, solo Jesús merece ser amado apasionadamente!... Felices ruinas que nos ponen cuanto antes y más completamente ante esta verdad...

Al reverendo Padre Guerin.

1 noviembre 1910.

Sí, Jesús, basta; allí donde El está nada falta. Por queridos que sean, por queridos que sean aquellos en que brille un reflejo de El, solamente El es el Todo: el Todo en el tiempo y en la eternidad. ¡Qué felices somos al tener un Todo que nadie puede quitarnos y que será siempre nuestro, a menos que seamos nosotros mismos quienes le abandonemos!

Al Padre Caron.

15 diciembre 1910.

Tenemos a Jesús con nosotros, y por débiles que seamos, somos fuertes con su fortaleza invencible... Jamás Dios ha faltado a los hombres; es el hombre el que falta a Dios. El no pide más que derramar sus gracias...

A un amigo.

21 septiembre 1912.

Rogad también por todos los musulmanes de nuestro Imperio Norte-Occidental africano, ahora tan vasto. La hora presente es tan grave para sus almas como para Francia. Después de ochenta años que Argel nos pertenece, se han preocupado tan poco de la salvación de las almas musulmanas, que puede decirse que no se ha hecho nada. Si los franceses de la metrópoli no comprende que su deber es evangelizar sus colonias, es una falta de la cual darán cuenta, y esto será la causa de la pérdida de una multitud de almas que podrían haber sido salvadas. Si Francia no administra mejor que lo ha hecho hasta ahora a los indígenas de su colonia, la perderá, y esto será el retorno de estos pueblos hacia la barbarie, con la pérdida por mucho tiempo de la esperanza de su cristianización.

A un amigo.

4 diciembre 1912.

El santo tiempo de Adviento siempre es suave; lo es particularmente aquí. Tamanrasset, con sus cuarenta hogares de pobres cultivadores, es muy bien lo que podrían ser Nazaret y Belén en tiempo de Nuestro Señor.

Carta escrita por Carlos de Foucauld algunas horas antes de su muerte, la mañana del primero de diciembre de 1916, a un amigo.

Estos sufrimientos, estas inquietudes antiguas y recientes, aceptadas con resignación, ofrecidas a Dios en unión y por la intención de los dolores de Jesús, son, no la única cosa, sino la más preciosa que Dios os ofrece para que lleguéis delante de El con las manos llenas... Nuestro anonadamiento es el medio más poderoso que tenemos para unirnos a Jesús y hacer bien a las almas; esto es lo que San Juan de la Cruz repite casi a cada línea....Cuando se puede sufrir y amar, se puede mucho; se puede lo más que se puede en este mundo, se siente el sufrimiento, no se siente siempre cuando se ama, y esto es un sufrimiento más; pero se sabe que se querría amar, y querer amar es amar... Se nota que no amamos bastante —esto es verdad, no se amará nunca *bastante*—; pero Dios, que sabe de qué barro El nos ha hecho, y que nos ama más que una madre podría amar a su hijo, nos ha dicho, El, que no muere nunca, que no rechazaría a aquel que se acercase a El.

CUARTA PARTE

EL APOSTOL DE LOS MUSULMANES

CARLOS de Foucauld deseó siempre volver a Marruecos; no para acabar su viaje de exploración, sino para otra clase de descubrimientos y trabajos: el servicio de las almas. Con fecha 9 de enero de 1903, encontramos en su Diario las líneas siguientes: "Telegrama, recibo, carta, sigue la respuesta, suplico humildemente establecer una Comisión con sede en Montmartre para obtener esta conversión. Jesús irradia en Montmartre. He aquí mi humilde respuesta". Ignoramos, a pesar de las búsquedas que hemos hecho, en qué circunstancias nació este proyecto de misión en Marruecos. ¿Quién lo formuló? ¿Es Carlos de Foucauld? ¿Es otro? ¿Es necesario creer que ha habido, entre los amigos del Africa francesa, un hombre capaz de tal iniciativa, y que se haya dado cuenta que tendríamos a Africa como una hermana, como una segunda Francia, si la cambiamos el corazón, y si hacemos renacer, de acuerdo con nuestra misión secular, el tiempo de San Agustín?

No lo sabemos. Al proyecto no siguió nada. He aquí, en todo caso, el texto de la carta de Carlos de Foucauld:

PROYECTO DE MISION EN MARRUECOS

"Hay, pues, almas dispuestas a todos los sacrificios y no teniendo más que una fe: glorificar perfectamente a Jesús imitándole y obedeciéndole perfectamente; éstas son las almas que harán las obras del Corazón de Jesús, que convertirán Marruecos, y a esta victoria seguirán otras.

Si sacerdotes-apóstoles, ardiendo con esta sed, dispuestos a morir y a que les falte todo, con y por Jesús, quieren unirse al miserable que os escribe para tratar de imitar y glorificar a Jesús, que vengan aquí, donde yo tengo los medios necesarios para formar una pequeña vanguardia y lanzarlos sobre Marruecos al primer momento.

Pido humildemente que los sacerdotes-apóstoles tomen la iniciativa de la conversión de Marruecos y nombren inmediatamente una Comisión escogida entre ellos para trabajar en esta conversión...

Obra de la comisión.—Esforzarse en atraer a Marruecos numerosas fundaciones de sacerdotes, religiosos y religiosas; primero los Padres del Santísimo Sacramento y las Hermanas de la Caridad, trapenses, cartujos, Padres blancos y Hermanas blancas.

Es conveniente, al principio, llevar mejor a las órdenes dedicadas puramente a la adoración del Santísimo Sacramento y a la beneficencia; a la contemplación, a la hospitalidad y a los trabajos rústicos, que no a las órdenes dedicadas a la enseñanza y predicación. La adoración de la divina Hostia prepara todo; la beneficencia y hospitalidad, el ejemplo de las virtudes evangélicas, sobre todo las oraciones y la santidad de los siervos y siervas, y más aún el gran número de misas y de Tabernáculos, comenzarán la obra de la conversión...

Este período transcurrido transcurrirá tanto más de prisa cuanto más numerosos sean los sacerdotes y religiosos establecidos en Marruecos. Echad en este surco a todas las Ordenes de enseñanza y predicaciones: salesianos, jesuítas, dominicos, carmelitas, Sociedades de enseñanza, etcétera, etc.

... Lo que yo creo como mejor para la conversión de Marruecos es organizar una pequeña legión de religiosos dedicados, a la vez, a la contemplación y a la beneficencia, viviendo pobrísimamente del trabajo manual, cuya sencilla regla se resumiría en tres palabras: adoración perpetua del Santísimo Sacramento expuesto, imitación de la vida oculta de Jesús de Nazaret, vida en los países de Misión. Esta pequeña legión sería un equipo de vanguardia dispuesta a lanzarse sobre el campo de Marruecos, y a cavar, a los pies de la Santa Hostia, y en nombre del Sagrado Corazón de Jesús, el primer surco en el cual se echaran en seguida, cuanto antes, los misioneros predicadores... Con esta intención, hace año y medio, he pedido y obtenido del reverendo Padre prefecto apostólico del Sahara francés, animado por mi santo y bienaventurado obispo monseñor Bonnet, obispo de Viviers, la autorización para fijarme sobre un lugar de su Prefectura, vecino a la frontera marroquí...

Beni Abbés, pequeño oasis del Sahara en la frontera de Marruecos, es el lugar más propicio para abordar dicho país. Los poblados vecinos parecen menos mal dispuestos que los demás...

En la Navidad última me he sentido más presuroso en hacer un paso en adelante, y he creído obedecer al Sagrado Corazón y llamando a la oración a las almas de quien puedo esperar el concurso, para abrir, por medio de una cruzada de oración, la guerra contra Satán.

En la medida de lo posible, he ofrecido Marruecos

al Sagrado Corazón. He pedido a la beata Margarita María que me obtenga la gracia de celebrar, dentro de poco, el Santo Sacrificio.

Desde mi llegada, he establecido relaciones con los indígenas, y sobre todo con los marroquíes. Cotidianamente, muchos indígenas vienen a la Fraternidad del Sagrado Corazón, y entre ellos hay marroquíes. Espero poder en un próximo futuro ir con alguno de éstos a su país... Yo querría ir, primero por algunos días; después por algunas semanas, más tarde por algunos meses, y comprar una pequeña propiedad, donde se formaría una nueva Fraternidad del Sagrado Corazón.

Se iría así a un acercamiento. La limosna, la hospitalidad, el rescate y la liberación de esclavos, y aún más, las ofrendas de la divina Víctima, conciliarán los corazones y abrirán los caminos a la predicación abierta. Esta sonará tanto más pronto cuando esta vanguardia silenciosa sea más fervorosa y numerosa...

Estoy solo, y esto es un estorbo para el pequeño tanteo que espero hacer en Marruecos dentro de algunas semanas, pues sería muy útil tener un compañero de élite para asistir a mi miseria, a fin de evitar cualquier inconveniencia o profanación... Esto debería tentar a bien de almas, pues es casi la gloria la que le es ofrecida, siendo los peligros tan grandes... A pesar de mi deseo de tener compañero, prefiero estar solo que tener a quienes no estén verdaderamente llamados por Jesús y ser verdaderos discípulos de su Corazón... He pedido tres cosas a aquellos que quieran venir: 1.° Estar dispuestos a dar su sangre sin resistencia. 2.° Estar dispuestos a morir de hambre. 3.° Obedecerme, a pesar de mi indignidad".

Al reverendo Padre Guerin.

"El pequeño recorrido (1) se prosigue sin incidente sin cambiar los proyectos... Ya os lo he dicho: el actual paseo es todo de aprovisionamiento: M. Rousel se porta con su habitual desasimiento; en todos los lugares donde sabe que existe campamento de nómadas instala el suyo, en medio de ellos, pasando varios días, de manera que pueda establecer conocimiento con los mismos, aprovisionarlos, darles confianza, las mayores pruebas de amistad... Yo le acompaño viendo lo que ellos ven, hablando con ellos, dándoles remedios y pequeñas limosnas, tratando de establecer conocimientos y haciéndolos comprender que soy un servidor de Dios y que les amo... Puedo celebrar la santa misa cada día bajo la tienda... El tiempo que no consagro a la oración, al prójimo, a la marcha o al cuerpo, lo empleo en el estudio del *tamahacq* (2) y a la traducción de los Santos Evangelios a esta lengua; el de San Lucas está casi terminado...

Los indígenas nos reciben bien. Este recibimiento no es sincero; ceden a la necesidad... ¿Cuánto tiempo les será necesario para tener los sentimientos que simulan? Puede ser que no los tengan nunca. Si los tienen, será el día que sean cristianos... ¿Sabrán distinguir entre los soldados y los sacerdotes; ver en nosotros servidores de Dios, ministros de paz y caridad, hermanos universales? No sé... Si cumplo mi deber, Jesús derramará abundantes gracias, y ellos comprenderán".

---

(1) Se va a ver que se trataba de "los recorridos de aprovisionamiento", que habían sido inventados y primeramente guiados por el general Laperrine.

---

(2) El "ṭamahacq" es la lengua que hablan los *Tuaregs*.

Al mismo.

13 diciembre 1905.

Hay una cosa que hay que temer: es que el islamismo sea el primero en ganar, con la sumisión de los *Tuaregs*, a Francia. Gracias a Dios, el Hoggar y Taitoq no son muy musulmanes, más que de nombre; su ignorancia es tan grande en religión como en todo, y su indiferencia lo es también; pero he aquí que este país, antes tan poco seguro, de acceso difícil, se ha convertido en otro pleno de seguridad para los viajeros y comerciantes; también los comerciantes de Tidikelt afluyen cada vez más, vendiéndoles telas de algodón, dátiles y comprando camellos y corderos, etc. Estos comerciantes son casi todos *marabuts*, pertenecientes a una tribu marabútica del Tidikelt, los Ahl Azzi; con ellos entrará necesariamente una renovación de fervor musulmán; todas estas gentes tienen rosarios, haciendo muy ostensiblemente oraciones y ayunos y diciendo muy alto que son *marabuts* para hacerse recibir mejor; tendrán una mala influencia. Roban, por otra parte, a los *Tuaregs* y les venden las mercancías a un precio exorbitante. ¡Cómo sería de desear que buenos cristianos, o al menos animosas gentes no musulmanas, hiciesen este comercio y tomasen esta plaza! Sería bien fácil. Pero ¿dónde están estas almas? Vender cretona y algodón azul a un precio razonable: he aquí un medio bien sencillo de atraerse a todo el mundo, de encontrar todas las puertas abiertas, de romper todas las frialdades... Que, además, el que venda sea una buena alma, la buena impresión se hará, tendrá amigos en todo el país, y esto será el comienzo... Si, en defecto de otras mejores, puede encontrar algunas buenas almas dispuestas a hacer este comercio, consagrándose oscuramente por el amor de Dios, ¡qué gran bien! ... Honrados y pequeños comerciantes franceses serían acogidos con alegría por las autoridades, que enrojecen de ver a sus compatriotas establecidos en el Sur; ningún francés viene a establecerse a los oasis si no es para hacerse comerciante de alcohol; es una vergüenza.

Sería necesario que hubiera cristianos como Priscila y Aquila, haciendo el bien en silencio, llevando una vida de pobres comerciantes; en relaciones con todos, se harían apreciar y amar de todos y les harían el bien... ¡Si pudiera enviarnos algunos pequeños comerciantes de esta clase ganarían su vida sin esfuerzo!

Me encomiendo a sus oraciones; podría hacer muchos beneficios si fuera lo que debo; pero estoy bien lejos de serlo. Lo poco que hago muestra mi poca fidelidad...

Al Padre Caron.

Hoggar, 8 abril 1906.

Mi obra no es aquí, ¡ay! , más que una obra de preparación, una primera roturación; es primero instalar en medio de ellos a Jesús, Jesús en el Santísimo Sacramento; es instalar también en medio de ellos una oración, la oración de la Iglesia, por muy miserable que sea el que la ofrece... Es mostrar en seguida a estos ignorantes que los cristianos no son lo que ellos suponen; que creemos, amamos y esperamos; es, en fin, hacerles nacer la confian, la amistad; aprovisionarles, hacerse, si es posible, sus amigos..., a fin de que después de esta primera roturación otros puedan hacer beneficios a estas pobres almas.

Al Padre Caron.

Tamanrasset, 9 junio 1908.

El rincón del Sahara, que yo solo tengo que trabajar, tiene dos mil kilómetros de Norte a Sur, y mil de Este a Oeste, con cien mil musulmanes dispersos por este espacio, sin un cristiano, si no son los militares franceses en todos los grados; estos últimos son poco numerosos; noventa o cien, diseminados en esta extensión; pues en las tropas saharianas sólo los cuadros son franceses; los soldados son indígenas. Yo no he hecho una sola conversión en serio desde hace siete años que estoy aquí; dos bautismos; pero Dios sabe lo que son y serán las almas bautizadas: un niño pequeño, que los Padres Blancos educan — ¡Dios sabe lo que será! — y una pobre vieja ciega: ¿qué habrá en esa pobre cabeza y en qué medida su conversión es real? Como conversión en serio, cero, y aún diré alguna cosa más triste, y es que cuanto más voy viendo, más creo que no hay lugar a buscar hacer conversiones aisladas (salvo casos particulares), por el momento, siendo la masa de un nivel tan bajo, el apego a la fe musulmana tan fuerte, el estado intelectual de los indígenas hace difícil, al presente, hacerles reconocer la falsedad de su religión y la verdad de la nuestra. *Salvo caso excepcional*, no se podría ahora buscar más que conversiones aisladas, conversiones interesadas y solamente aparentes, lo que es la peor de las cosas. En lo referente a los musulmanes, que son *semibárbaros*, el camino no es el mismo que con los idólatras y fetichistas, gentes del todo salvajes y *bárbaros*, teniendo una religión del todo inferior; ni como con los *civilizados*. A los civilizados se les puede proponer directamente la fe católica, son aptos para comprender los motivos de credulidad y para reconocer la verdad; a los completamente *bárbaros*, lo mismo, pues sus supersticiones son tan inferiores, que se les hace bastante fácil comprender la superioridad de la religión de un solo Dios... Parece ser que con los musulmanes el camino es civilizarlos primero, instruirlos, hacerles gentes parecidas a nosotros; hecho esto, su conversión estaría casi hecha, pues el islamismo no se puede defender delante de la instrucción; la Historia y la Filosofía le hacen justicia, sin discusión: cae como la noche ante el día. La obra a hacer aquí, como con todos los musulmanes, es, pues, una obra de educación moral: educarlos moral e intelectualmente por todos los medios; acercarse a ellos, tomar contacto, ligar amistades, hacer caer, por las relaciones diarias y amistosas, sus prevenciones contra nosotros; por medio de la conversación y el ejemplo de nuestra vida, modificar sus ideas; procurar la instrucción propiamente dicha, hacer, en fin, la educación entera de estas almas; enseñarles por medio de escuelas y colegios lo que se aprende en los mismos; enseñarles por el contacto diario y estrecho lo que se aprende en la familia; hacerse de su familia... Obtenido este resultado, sus ideas serán modificadas infinitamente, sus costumbres mejoradas por ellos mismos, y el paso al Evangelio se hará fácilmente. Sin duda alguna, Dios lo puede todo; puede, por su gracia, convertir a los musulmanes y lo que quiera en un instante; pero hasta ahora no ha querido hacerlo; parece, aún más, que no esté en sus designios conceder esta conversión solamente a la santidad, pues si la reserva para la santidad, ¿cómo es que San Francisco de Asis no la ha obtenido? Quedan por emplear los medios que parecen más razonables, todo, y santificándose lo más posible y acordándose que se hace el bien en la medida en que se es bueno. Estos medios, lentos e ingratos, con pueblos que nos rechazan y desprecian, que nos llaman "salvajes" y "paganos", que están tan alejados de nosotros en costumbres, lengua y en tantas cosas; estos medios lentos e ingratos son la educación por el contacto y la instrucción. Sobre todo, es necesario no desanimarse ante la dificultad, sino decirse que cuanto más la obra es difícil, lenta e ingrata, más es necesario ponerse apresuradamente a la obra y hacer grandes esfuerzos; la frase de San Juan de la Cruz "no se deben medir los trabajos según nuestra debilidad, sino nuestros esfuerzos en los trabajos", debe estar continuamente ante nuestros ojos.

¿Qué hacer solo ante esta tarea? Por vocación debo tener una vida oculta, solitaria y no una vida de predicación y de viajes. Por otra parte, las almas de estos lugares, para los cuales yo estoy solo, exigen, en tanto que no haya otros obreros, ciertos viajes. Procuro conciliar las dos cosas. Tengo dos ermitas, a mil quinientos kilómetros una de otra. Paso tres meses en la del Norte, seis meses en la del Sur y tres meses en ir y venir cada año. Cuando estoy en una de las ermitas, vivo en ella en clausura, procurando hacer una vida de trabajo y oración, una vida de Nazaret. En el camino, pienso en la huída a Egipto y en los viajes anuales de la Santa Familia a Jerusalén... En las ermitas, como en el camino, procuro tomar contacto, en tanto que me sea posible, con los indígenas, haciéndoles pequeños servicios, hablando con ellos, divirtiéndoles como a los niños, por medio de estampas o cuentos, procurando empezar un poco esa parte de la educación que se hace en el seno de la familia. En la ermita, es la vida del claustro, pero en la forma en que ella lo es para el Hermano portero, encargado de recibir las personas y de hacerles el bien en lo posible... Pero, en suma, esto no es nada al lado de lo que sería necesario hacer. Haría falta, no un obrero, sino un centenar; con obreros, y no solamente ermitaños, sino también apóstoles, yendo y viniendo, tomando contacto y asimismo instruyéndoles.

Este pueblo *Tuareg* es particularmente interesante, puesto que musulmán de nombre solamente, poco ferviente, está muy cerca de nosotros por sus costumbres, su vida inteligencia y su facilidad para intimar. Desgraciadamente, está bien lejos de nosotros, por su extrema ignorancia, sus prevenciones y su poco gusto por la instrucción... Es necesario trabajar y rogar al Padre de Familia que envíe obreros a su campo.

Al mismo.

9 febrero 1908.

Sus oraciones me son demasiado preciosas para que yo no se las pida, de cuando en cuando, para mí y para los pobres infieles que me rodean. Esta parte del reino de Jesús queda dolorosamente abandonada. El venerado y santo prefecto apostólico del Sahara no dispone más que de algunos sacerdotes para unas poblaciones dispersas sobre inmensos espacios, y usted se dará cuenta que las dificultades no faltan, viniendo de todas partes... En este momento estoy al sur de In Salah; al fin del verano volveré a Beni Abbés, cerca de la frontera de Marruecos, y allí la miseria espiritual es mayor todavía, pues numerosas gentes están en un abandono más grande aún... Rogad por tantas almas, que después de mil novecientos años no han recibido aún la Buena Nueva, o han perdido el conocimiento y el recuerdo después de tantos siglos. Recomendad estos pueblos a las oraciones de las almas piadosas. ¡Hay por aquí partes del campo del Padre de Familias bien abandonadas! Lugares donde las almas, desprovistas de nuestros medios de salvación, esclavas del error y del vicio, caen en el infierno en masa... Cristo ha muerto por cada una de ellas... ¿Qué no debemos hacer por estas almas, de las cuales el precio es la Sangre de Jesús? Rogad para que el Padre de Familia envíe obreros, buenos obreros a su campo; ¡y rogad por el pobre y miserable obrero que soy yo, a fin que sea lo que quiera Jesús!

Al mismo.

11 marzo 1909.

Desde hace mucho tiempo, perseguido por la idea del abandono espiritual de tantos infieles, y en particular del de los musulmanes e infieles de nuestras colonias, viendo, al mismo tiempo, el amor de los buenos materiales y la vanidad invadir cada vez más al pueblo

---

(3) Esta Asociación Carlos de Foucauld, que ha tenido sucesivamente por presidente a Mons. Leroy, Mons. Boucher, el canónigo Dupin, Mons. Dreyer y al Hermano René Voillaume, ha tomado el nombre de Fraternidad Carlos de Foucauld, y tiene por prior al Hermano Voillaume, prior general de los Hermanitos de Jesús.

Gracias a M. Massignon, editó en 1928 el "Directorio" que el Padre De Foucauld había remitido a sus primeros miembros.

Tiene un boletín trimestral, uniendo a través de todos los países a sus miembros, cuyo número va creciendo sin cesar.

Su Secretariado está en: "La Source"-Dampierre (S. et O.), Francia.

N. del T.—Ultimamente, en noviembre de 1955, en la ermita de Beni Abbés y bajo la presidencia del arzobispo de Aix en Provence, y obispos de Montpellier y del Sahara, así como del P. Voillaume, prior general de los Hermanitos de Jesús, se tuvo una reunión de los delegados de todos los grupos que de distinta manera siguen la espiritualidad del Padre Foucauld, a fin de vigorizar la actuación de dicha Asociación.

cristiano, he puesto sobre el papel, después de mi último retiro, hace un año, un proyecto de asociación católica, teniendo el triple fin de llevar a los cristianos a una vida de acuerdo con la del Evangelio, presentando como modelo a Aquel que es el Modelo Unico; de desarrollar entre ellos el amor de la Santa Eucaristía, que es el bien infinito y nuestro Todo, y provocar entre ellos un movimiento eficaz para la conversión de los infieles, y especialmente para el cumplimiento del deber estricto que todo pueblo cristiano tiene de dar educación cristiana a los infieles de sus colonias (3).

No solamente por medio de dones materiales es como se debe trabajar por la conversión de los infieles, sino provocando el establecimiento entre ellos, a título de cultivadores, de colonos, comerciantes, artesanos, propietarios, etc., de excelentes cristianos de todas las condiciones, destinados a ser preciosos apoyos para los misioneros, a atraer por medio del ejemplo, la bondad y el contacto, a los infieles a la fe y a ser los núcleos a los cuales puedan agregarse uno a uno los infieles a la medida que se conviertan. La Cofradía, con la intensidad de vida cristiana que debe desarrollar y el deber de convertir infieles, que debe ponerse continuamente ante los ojos, es apropiada también para multiplicar las vocaciones de sacerdotes, religiosos y religiosas misioneros. De buenos cristianos viviendo en el mundo, la Cofradía hará una especie de misioneros laicos; ella los llevará a expatriarse para ser misioneros laicos entre las ovejas más perdidas, mostrándolas cómo la conversión de ellas es un deber para los pueblos católicos y cómo es hermoso y cristiano consagrar su vida a ellas.

Los deberes de los hermanos y hermanas que no son sacerdotes ni religiosos hacia los infieles son tanto más graves cuanto ellos hacen a menudo más que los sacerdotes, religiosos y religiosas. Mejor que ellos pueden entrar en relaciones, ligar lazos de amistad, mezclarse y tomar contacto entre ellos. Como los infieles sienten una repulsión contra los cristianos, cuando tienen una religión que les inspira una fe profunda, los sacerdotes, religiosos y religiosas, les causan desconfianza; frecuentemente a los sacerdotes y religiosos les faltan puntos de contacto, ocasión de ponerse en relación con los infieles; además, la prudencia y las reglas de sus Institutos les estorban algunas veces para sobrepasar ciertos límites de intimidad, penetrar en el hogar familiar, entrar en relaciones estrechas. Aquellos que viven en el mundo tienen a menudo, al contrario, grandes facilidades para entrar en estrechas relaciones con los infieles. Sus ocupaciones, administración, agricultura, comercio, trabajo, cualquiera que sea, les ponen, si quieren, en cualquier momento en relación. De estas relaciones, con la ayuda de la caridad, de la suavidad del trato que practiquen, pueden, si quieren, hacer nacer verdaderas amistades, dándoles acceso a los hogares y a las familias más cerradas. El trabajo de los hermanos y hermanas que no son ni sacerdotes ni religiosos no es instruir a los infieles en la religión cristiana ni acabar su conversión; sino de prepararla haciéndose querer por ellos, haciendo caer los prejuicios por la visión de su vida, haciéndoles conocer, por sus actos mejor que por las palabras, la moral cristiana; de disponerlos ganando su confianza, su afecto su amistosa familiaridad; de tal manera, que los misioneros encuentren un terreno preparado, almas bien dispuestas, yendo ellas mismas a ellos, y a las cuales pueden dirigirse sin obstáculos.

Es a los fieles de los países cristianos a los que incumbe el deber de la evangelización de los infieles... Cualquier retardo, cualquiera frialdad por su parte en el cumplimiento de un deber tan grave, puesto que se trata de la salvación de tantas almas, y tan urgente, puesto que cada día la muerte se lleva muchos delante del Tribunal supremo, es una responsabilidad de la cual cada uno tiene una parte proporcional. El tiempo se nos ha dado para santificarnos y santificar a los demás, y no para ser inútiles y malos; grave es la advertencia de Jesús: "Será pedida cuenta en el último día de toda palabra inútil". Si Dios permite que algunos conserven riquezas, en lugar de volverse pobres materialmente, como lo hizo Jesús, es para que ellos se sirvan de este depósito que El les ha confiado, como a servidores fieles, según la voluntad del Dueño, para hacer a los demás los beneficios espirituales y temporales, dar recursos materiales allí donde son necesarios para el cumplimiento de los bienes espirituales. Ellos deberán dar cuenta del bien que habrían hecho y que no han hecho. De qué manera, en el Santo Evangelio, Jesús nos lo dice y repite: "Amaos los unos a los otros...; haced a los demás lo que quisierais que se os hiciese...; amad a vuestro prójimo como a vosotros mismos..." Si después de estas frases, tan frecuentemente leídas, oídas y meditadas, los fieles, y sobre todo los sacerdotes, los religiosos y las religiosas entregados a las almas que están cerca de ellos son negligentes y abandonan a aquellas que están más alejadas, y de las cuales las necesidades son tan grandes y el peligro tan extremo, qué reproches no tendrán que tener por una omisión tan grave por parte de Aquel que ha dicho: "Cada vez que no lo habéis hecho a uno de estos pequeñuelos es a Mí a quien no se lo habéis hecho". Más que nunca, en el siglo XX, la evangelización de los pueblos infieles se ha convertido en un deber estricto para los pueblos cristianos. Otras veces, la ignorancia de los lugares habitados por ellos, lo largo de los viajes y la dificultad de las comunicaciones, la imposibilidad de entrar en relaciones con poblaciones fanáticas o salvajes, expulsando o martirizando a cualquier misionero, frecuentemente a cualquier europeo, eran otros tantos motivos de excusa, retardando la evangelización. Hoy estas excusas no existen. Los viajes, los más largos, se han convertido en cortos y fáciles. Los pueblos infieles están en su mayor parte sometidos a los europeos, y a los demás les han forzado a respetarlos. Sobre todos los puntos del globo donde hay infieles, el contacto existe entre ellos y los europeos, y allí donde un misionero quiere ir puede hacerlo; no lo puede hacer siempre llamándose abiertamente misionero, pero puede hacerlo en todo momento, disimulando lo que es, bajo apariencias de comercio, agricultura u otras...

La patria es la extensión de la familia; Dios, poniendo en nuestra vida las personas de nuestra familia más cerca de nosotros que las demás, nos ha dado deberes especiales para con ellas; de una manera más amplia ocurre lo mismo con los compatriotas, y, por consiguiente, con las de las colonias de la patria, que forman parte de la gran familia nacional. Este motivo incontestable y fortísimo es el primero por el cual debemos trabajar particularmente por la conversión de los infieles de las colonias de nuestra patria. Otra razón se añade, y es que si somos negligentes hay el temor que sean totalmente abandonados. Por la misma razón que pertenecen a nuestra patria, los cristianos de otros países no se ocuparán, dejándonos a nosotros la carga. La conversión de los infieles es frecuentemente muy difícil. Lo es sobre todo cuando el gobierno local pone obstáculos y es adversario de la religión católica. Esto no debe desanimar; al contrario, esto debe hacer trabajar con más ardor; los obstáculos demuestran que el éxito pide un mayor esfuerzo... Cualesquiera que sean los infieles de las colonias de su patria, no serán más difíciles de convertir que los romanos y los bárbaros de los primeros siglos del cristianismo; por muy opuesto que pueda ser a la Iglesia el gobierno de su país, no lo será más que Nerón y sus sucesores. Que los hermanos y hermanas tengan el mismo celo por las almas, las mismas virtudes que los cristianos de los primeros siglos, y ellos harán las mismas obras. Lo harán como ellos, escondidos, disimulados, a ocultas, lo que no puedan hacer abiertamente. El amor hará encontrar los medios, y Jesús hará eficaces los esfuerzos que inspira. Digamos de nuevo: "Es necesario no medir nuestros trabajos según nuestra debilidad, sino nuestros esfuerzos en los trabajos". Si las dificultades son grandes, apresurémonos tanto más a ponernos a la obra y multipliquemos más nuestros esfuerzos.

MEMENTO

Escrito sobre la primer página de un cuaderno que Carlos de Foucauld llevaba siempre sobre él:

Vive como si debieras morir mártir hoy.

* * *

Cuando todo nos falta sobre la tierra, más encontramos lo que ésta puede darnos como mejor: la Cruz.

* * *

Cuanto más abracemos la Cruz, más nos apretamos estrechamente contra nuestro Esposo Jesús, que en ella está clavado.

INDICE

Páginas

PREFACIO 7
PRIMERA PARTE.—El trapense 15
SEGUNDA PARTE.—El sirviente de las Clarisas 49
TERCERA PARTE.—El sacerdote. El ermitaño del Sahara 173
CUARTA PARTE.—El apóstol de los musulmanes 209
MEMENTO 227